LOCUS

LOCUS

LOCUS

LOCUS

Smile, please

smile 13 心靈深呼吸

作者：王映月

責任編輯：陳郁馨　　美術編輯：何萍萍

發行人：廖立文　　出版者：大塊文化出版股份有限公司

台北市117羅斯福路六段142巷20弄2-3號

讀者服務專線：080-006689

TEL：(02)9357190　FAX：(02)9356037

信箱：新店郵政16之28號信箱

郵撥帳號：18955675　　戶名：大塊文化出版股份有限公司

e-mail:locus@ms12.hinet.net

行政院新聞局局版北市業字第706號

總經銷：北城圖書有限公司　　地址：台北縣三重市大智路139號

TEL：(02)9818089 (代表號)　FAX：(02)9883028 9813049

排版：天翼電腦排版有限公司　　製版：源耕印刷事業有限公司

初版一刷：1997年9月

定價：新台幣150 元

心靈深呼吸

王映月 著

目錄

自序 8

一 心靈幽浮現形記

1 品嘗寂寞 12
2 想像來的自憐 14
3 當霉運來時 16
4 我無聊死了 18
5 鬧彆扭了 20
6 煩哪 22
7 渴欲 24
8 心中的屏障 26
9 內心的火山口 28
10 心靈的疤 30
11 揮別空虛 32

二 心情哈哈鏡

12 甜檸檬心理 36
13 內心的反光鏡 38
14 心裡的框框 40
15 對號入座的謬思 42
16 誰才自私 44
17 羨慕還是嫉妒 46
18 孔雀心態 48
19 天使與魔鬼 50

三 聽，日常雜音

20 內心咆哮的怪獸 54
21 鑽牛角尖 56
22 內心的暴君 58
23 放不開的韁繩 60
24 心裡的鐘擺 62
25 「父母」的告誡聲 64
26 思想萬能 66
27 跟自己過不去 68
28 理性與感性 70
29 心中的掌聲與噓聲 72
30 帶頭找頭 74

四 面具珍藏家
31 我又胖了 78
32 善意的訊號 80
33 人性的陷阱 82
34 自我的牢籠 84
35 愈猜愈遠 86
36 No Kiss 88
37 垃圾筒的苦惱 90
38 開口說不 92
39 拉風的面具 94
40 數字防護罩 96
41 與曖昧和平共處 98

五 你投流行一票了沒
42 流行風暴 102
43 裸露風潮 104
44 廣告的魔力 106
45 小丸子的共鳴 108
46 新新小魔女 110
47 星座話題 112

六 當新好男人碰上新女性
48 新時代英雄 116
49 不當第二性 118
50 麻雀變鳳凰 120
51 女人四十 122
52 女人的戰爭 124
53 最佳女主角 126
54 愛情當令箭 128
55 影子情人 130
56 天長地久 132
57 是愛人還是朋友 134

七 純屬己見
58 大家踢皮球 138
59 承平社會的烈士 140
60 期待活神仙 142
61 我要想清楚 144
62 頭家有話要說 146
63 誰在乎 148
64 講道理 150

65 爭第一 152
66 逃避自由 154
67 格格不入 156
68 好逸惡勞 158
69 你標準嗎 160
70 望穿秋水 162
71 算流年 164
72 解讀象貌 166

八 另類過節

73 消費生日快樂 170
74 爸爸的面具 172
75 向月娘許願 174
76 平安夜狂歡夜 176
77 元旦誓師 178
78 迎新年 180
79 恭禧自己 182

九 我們都是成長的複製人

80 摸索成長 186
81 走出象牙塔後 188
82 菜鳥蛻皮 190
83 讓孩子自己爬起來 192
84 內心的兒童 194
85 成長的苦澀 196
86 蛻變的滋味 198
87 心靈面貌 200

十 人生路上

88 另類機運 204
89 塞翁失馬 206
90 卡不到位 208
91 好友結婚了 210
92 今天暫時停止 212
93 打開心窗 214
94 迂迴前進 216
95 表演藝術 218
96 看透人生缺憾 220
97 人生走馬燈 222
98 悲歡秋季 224
99 時間洪流 226
100 明明白白我的心 228

自序

沒想到自己的處女作會是這麼一本書。一年前，好友翟敬宜要我寫些教人轉換情緒的三百字短文，以方便「補版面」。就這樣「無心插柳柳成蔭」，一篇接一篇的「換心術」就這麼刊登在民生報的婦女版上。而且，愈寫愈欲罷不能，從三百字直擴充到六百字，乃至不再方便補版面。

寫作的一年間，讓我有機會更深入傾聽自己內在的聲音。我冷眼旁觀情緒執意的翻攪、理性穿梭其間地勸慰，但見這兩造常無法交融，各行其是。能當個旁觀者，任心裡不同的聲音盡情發揮，可說是我心靈「解嚴」的一個民主化歷程。

記得，當我眞切地體會到內心有各種不同的聲音時，豈是驚駭二字所能形容！當時像找解藥似的翻看各類書籍，就希望能「復元」到只有一個聲音當家做主。沒想到近十年的徒勞，才稍稍悟出內心對立的本質。

現在想起來，這本書能結集成冊，還多虧形式上的設計。先是一段情境或某個問題，再來是理性上可能與之的溝通對話，而這正是長久來，我所熟悉到不能再熟悉的心理對話模式。

希望這本書不會落入教人如何看待問題、轉換情緒的窠臼。老實說，這些我所想得到的理性思考也常「自身難保」。我只是把我的觀察與內在曾經有的溝通對話過程寫出來，希望透過呈現這樣一個對話歷程，可一窺心靈互動消長的一面。

或許我還眞該慶幸，內心永不停歇的爭戰，正可以讓我源源不斷寫續集。

在此，要感謝好友翟敬宜提供我一個書寫的空間與寫作形式的點子，還有民生報家庭消費新聞中心主任朱邦彥不時的鼓勵與支持。好友余友梅幫我向出版社推薦又靈光一現想出了書名。這本書可說是念祖與我的共同創作，他質樸的性情讓我知道了什麼是平實而豐富。

王映月

一九九七年八月二十八日

一　心靈幽浮現形記

你看過幽浮嗎？你相信幽浮存在嗎？

有沒有想過心裏面那種無以名狀、看得到捕捉不到、能經驗不能驗證的「東西」，跟幽浮是同種屬的？

再想想，那不時幽然浮現的「心情」、「情緒」、「感覺」、「突發奇想」、「靈光一現」、「心血來潮」…，不也跟「不明飛行物體」(unidentified flying object)一樣行蹤飄忽？

想看心靈幽浮現形嗎？

現在大家一起低頭禱告、持咒、觀想……各憑本事逮幽浮吧。

1 品嘗寂寞

星期六的午後，你從午睡的昏沈中醒來，發現屋子裏只有自己一人。屋外傳來陣陣蟬鳴，你百無聊賴地起身打開電視，盯著不知在演什麼的螢幕，腦袋一片空白。突然，一陣低落的心緒湧上心頭，而且這股無邊的愁緒像張網，把你牢牢困在其中……

別急別急！你不過是染上流行範圍最廣、又無特效藥的文明病，病毒名稱就叫寂寞。

平時你忙著處理公事、料理家務事，閒來無事時又得張羅親朋好友諸事。等閒下來一人獨處時，總會在無意間撞見自己，這時平日疏於跟自己打招呼的人，就會感到好像跟個陌生人在一起似的不知所措。

所以啦，很多人一感到寂寞，就立刻拿起話筒，跟人天南地北瞎扯也好，這也自有其療效。

但寂寞可是難得觀照自己的機會。這時不妨靜下來，品嘗一下這種酸苦滋味，進而能做寂寞（其實也就是你自己）的朋友，據說這就叫「寂寞的美學」，你也試試！

2 想像來的自憐

你又躲起來一個人掉眼淚了。上午考第八次駕照仍不過，你再度淚灑監理所。回家後，家人早習以爲常，懶得過問。你把自己鎖在房裏，想像自己一定是被爸媽撿來、駕訓班鐵後悔收你的錢、教練寧可教盲人開車，也不願再教你這白痴。就算再來一次，你也認定那S形就是你命裏的剋星，絕不會放你過關。

說來奇怪，自憐是一種讓人在自虐的想像中，淌下淚來，從而獲得一種說不出的暢快滿足。這時，自己彷彿成了古今第一「衰」人，遭遇之奇之慘，眞也讓人不得不一掬同情淚。

這是因爲自憐是種誇大的負面幻想，並非自己眞實的遭遇。這時腦中就好像在上演一場自編自導自演的悲劇，你（想像者）看著這苦旦（想像中的自己）悲慘的際遇，不禁跟著同情落淚。從化身悲劇英雄的想像中，你悲憫撫慰了自己，從而獲得紓解。

而眞實呢？你不過「不愼」比別人多考了幾次駕照。爸媽依舊愛你、駕訓班看多了這種人、教練早已痲木不仁，再接再厲下去，你還有可能破台灣區考駕照最高紀錄。

一念間，就像是按下手中的搖控器，就能從悲劇看到喜劇，端視你愛看自己演什麼戲！

3 當霉運來時

好個豔陽天，你吹著口哨，踏著輕快的腳步走在紅磚道上。突然間，你大叫一聲：「shit」！但鞋底已沾上狗屎，你感到臉上的陽光不見了。走著走著，不知怎麼「水」從天降，原來是有住户在陽台洗狗，淋得你一身溼。正打算張口罵人時，前方玩躲避球的小孩，一記強勁的傳球，正中你下巴……

每個人多多少少都有倒霉的經驗。而最倒霉的是，你可能找不到加害人求償，或是加害人完全無心，只能對你賠不是。如果你還一副得理不饒人，旁人反而認爲你不可理喻，更是讓你氣得七竅生煙。

這也難怪絕大多數人都自認倒霉了事。其實，當霉運來時，就好像自己頓時被推去當丑角，我們會對「勞萊與哈台」捧腹，不就因爲他們衰事一籮筐嗎？

下次被口香糖黏在椅子上時，試著別再扮苦旦，帶著丑角的心情笑看這種人生的巧合，反倒還能得到真正的「補償」。

4 我無聊死了

近來你看到每個人，都想開口問：「你無聊嗎？」不知道從什麼時候開始，你知道了什麼叫「度日如年」——上班時你把報紙從第一版一直看到了分類廣告，下班後把搖控器上上下下按，直到老婆小孩齊聲抗議。好不容易走出去散步，你拖著沈重的步伐，看到有人放風箏、溜輪鞋、跳交際舞，你還是提不起勁。你只想找個空曠的地方大聲喊出「我無聊死了」。

無聊像是情緒中的「幽浮」。也不需要什麼特別的外界誘因、或是明確的理由，無聊就像「幽浮」般條忽掩至，而且當你想細究其來龍去脈，往往找不出個頭緒。就好像幽浮存不存在，還不得證實一樣。

當我們做一再重覆的事、低挑戰性的事或被迫集中精神時，就容易感到無聊帶來的悶悶不樂、了無生趣。

實則，無聊是內心發出的訊號，透露出生活的停滯不前、自己的天賦才能未得發揮、生活中欠缺有意義的目標、或是與外界日漸疏離。

這時如果能好好反省，生活是否該做些調整，或是換另一種心境來看待日常生活，這種心靈幽浮就會消失得無影無蹤，而且還能讓人從中獲得改變的契機，豐富生命。

5 鬧彆扭了

晚飯桌上，你看到老公一如往常用力扒飯，他抬起頭來問你怎麼不吃？你不想說話，他沒好氣地說：你有毛病啊！這下你火了，摔下筷子，回房間生悶氣。弄半天，他才想起：今天是你的生日。這下他使出渾身解數，你就是置之不理。

當人扭起來時，別人就是說破嘴、給夠台階、賠足不是，就是扭不回來。「扭」是一種關閉的狀態，而且是把自己閉瑣在先前不愉快的情境裏，拒絕任何溝通。這時總是緊咬住自己所受的委曲，認定對方傷害自己，任何補償都為時已晚。

就這樣，即使情況已有轉寰、凡事好商量，但整個人就好像結凍般，堅硬如石。

當內心凍起來時，其實自己也被困在情緒裏，轉不出來。這時最好做些別的事，讓情緒慢慢消融。而對扭起來的人，好言相勸是行不通的，不妨先以幽默化解僵局，再給對方一些時間轉換情緒，然後伺機給台階下，不然弄僵了，往往大家一起彆扭。

6 煩哪！

朋友常說你是「杞人憂天」，你總是煩惱這、擔憂那，對還沒有發生的事總是往壞處看。像是一早起來，你看女兒吃不下早餐，就煩惱她這樣下去身體怎麼得了；等公車時，看到陣陣廢氣，你也怕吸多了會得肺病；到了辦公室，堆積如山的文件、不斷打進來的電話，讓你不由得心煩氣躁起來；下班塞在車陣中，你一想到要到八點全家才能開動吃晚餐，就感到腸胃陣陣痙攣。

說到煩惱，很多人可眞是成天「煩煩煩」，但生活中實在充斥太多讓人「煩不勝煩」的人事物，所以也就「久聞不知其臭」了。

煩惱是一種負面的思考習慣。要是碰到稍不順心、一不對味、有點問題的事，就不自覺升起煩惱情緒的話，久而久之，不論是對已發生的、身陷其中的、未知的、乃至不可知的，也就習於「一以煩之」了。

只是爲什麼現代人這麼容易起煩惱?可能是步調緊張、千變萬化的日常生活中，滿是人無法掌控自如的事。在我們還未能有效掌控，又拿不出解決行動的時候,煩惱就會乘隙而入。我們等於是試圖以煩惱的「思考行動」,取代解決的行動。

但是光思考沒有訴諸行動，是不可能改變現狀的，更何況是負面的思考，只是徒然消耗心神，對解決問題毫無助益。

下次發覺自己又煩起來的時候，提醒自己，可別再依賴煩惱這種「反效果的頭腦體操」來解決、控制問題,還不如想想能採取什麼行動或是乾脆轉移注意力，可能還有效且心裏輕鬆些。

7 渴欲

剛踏出校門，領到第一個月薪水時，你想著若是能出國旅遊，也就於願足矣。一年後，你盤算著以貸款的方式，買汽車代步，只要長了翅膀，一定快樂似神仙。没想到兩年後，每逢星期例假日你就四處奔走看房子，你以爲如果能擁有一個小小的窩，也就別無所求了。但在購置一間小套房後，你又想擁有高爾夫球證、取得珠寶鑑定……。誰知道不久的將來，你還會要什麼才不枉此生！

有人形容欲望爲欲壑，因爲只要欲念一起，怎麼塡也塡不滿。也有人把欲望叫渴欲，因爲欲望這種東西不飲也罷，不但無法解渴，還越飲越渴。就如同「欲」這個字，拆開來看，旣是個塡不滿的坑「谷」，還怎麼樣都有所「欠」缺。

希臘神話就把地獄衆生相刻畫成欲望不得滿足的景象，有謀殺親夫的，被處在地獄得永遠提漏水的桶子汲水，可想而知怎麼裝都裝不滿；還有殺子煮成佳餚並將之宴請諸神的泰特勒斯，被囚在地獄最深處，被處以站在水中但喝不到水，站在果實纍纍的樹下，但吃不到果子。可見被渴欲折騰就猶如置身煉獄。

從欲望本身來看，欲望是一種可怕的需求，這種需求在滿足後，反而更加匱乏，而愈匱乏就需求得愈殷切，就這樣不自覺地一直在填一個無底洞。這時，只有適時的反向操作，不再理會總是哇哇叫的需求，才能一步步遠離這樣的飢渴。

想滿足欲望嗎？欲望是不可能靠滿足而止息的。只有知足才得滿足，很微妙，不是嗎？

8 心中的屏障

從小你就很膽小，怕鬼、怕蟑螂、不敢單獨一個人在家。長大後，你怕的東西可多了。有好一陣子，你不敢以計程車代步，夜行時更是疑神疑鬼。你已不看報也不看電視新聞，因爲新聞總是報憂不報喜，每每看得你心生畏懼。更別說你還有更深層的終極焦慮，那就是你怕死怕得要命。就這樣，你活在恐懼中，而且因爲恐懼，愈活愈狹隘。

恐懼就像是心中的一堵牆。牆內是安全熟悉的天地，牆外盡是洪水猛獸、妖魔鬼怪。就這樣，我們心中有道恐懼築成的銅牆鐵壁，自然將我們局限在牆內，不敢越雷池一步。

這道天然屏障很像電腦的虛擬世界，並非眞實存在，而是我們腦中一組可怕的想像，可能是過去挫敗的經驗、對未來預感的危險等等所累積的虛幻想法，意在隨時發出警訊，保護自己不再重蹈覆轍或防患未然。

但保護與限制是一體的兩面，過猶不及都會造成負面影響。像是「初生之犢不畏虎」，事實上老虎是「可畏的」，可見沒有恐懼感就無法保護自己，易步入險境而不自知。但被恐懼感包圍的人，必是寸步難行，而且害怕恐懼只會坐大恐懼，而愈發膽小。

我們只有不斷在生活中修正恐懼的「防線」，才能不讓這堵牆壓迫我們的空間過甚。當發現恐懼感已淹沒日常生活時，就要勇於正視不合理的恐懼念頭。畢竟，恐懼不過是「紙老虎」，虛幻可怕的念頭一旦接觸眞實，就如同「見光死」般消融殆盡。勇於克服恐懼，才能獲得可貴的自由。

9　內心的火山口

你覺得自己像個「炸彈」。到百貨公司買衣服,常和售貨員議價到摔衣服走人。兒子九九乘法表背不好,你也動怒,氣得請出「家法」來。先生吃完飯就蹺二郎腿看報,不知幫忙洗碗,你更是生了整晚悶氣。最近,還有個倒楣鬼只是打錯電話被你接到,就莫明其妙挨你一頓刮。才掛下電話,你聽到樓上又漏水到你家浴室,只見你又氣鼓鼓地要上樓去敲門……

動不動就火冒三丈的人,內心彷彿有個火山口,不但常噴發出逼人的氣焰,自己也總是火氣上升,不得安寧。

當然,心中有「氣」應該適當宣洩出來,內心才能重獲平衡。只是,常見動怒的人得爲自己發洩怒氣的行徑善後,如得罪人、事情的進度受阻、失去朋友或信用等等，因此，發洩憤怒還得視狀況而定，不然一吐胸中塊壘後，反而會製造出新的問題來。

火氣上升時，容易新愁舊恨齊上心頭，讓人被強烈的情緒淹沒，而我們往往在了解爲什麼生氣後，氣也隨之消了大半。因此，除了找後遺症小的發洩方式外，我們還可藉由了解憤怒的原因，來平息怒氣。

有沒有發現，當我們發脾氣時，其實是想藉怒氣去「掌控」些什麼。例如先生不幫忙做家事，太太不管是發怒還是生悶氣，都是想透由憤怒的情緒，要先生動手幫忙。

這時除了生氣一途外，還不如善用技巧與溝通，改變令自己生氣的導火線。不然，光是把怒氣宣洩出來，問題沒有改善，恐怕心中的火山還是會不時隆隆作響。

10 心靈的疤

朋友家中突遭變故，一場大火使得他與親人天人永隔。乍聞這個消息，你簡直無法置信，心頭情緒糾結成一團，其中有為朋友的遭遇感到難過、還有不知如何安慰幫助朋友而手足無措、同時恐懼著災厄不知何時會襲上親人。就這樣，你深刻體會到生命無常、人世間遭遇的無奈、命運的不可測。

經歷過大悲大痛的人都知道，人生有時彷彿行經幽谷，置身在一片黑暗陰冷之中，溼滑的路徑讓人幾乎得匍匐前進，尚且還看不到前方盡頭。

哀痛不知在何時已織成一張大網，網裏哀傷的人甚至放棄了掙扎，只是靜靜地讓傷痛啃蝕著心靈。

說真的，人生有時候不是在過日子，而是要靠著堅強的意志力，一天捱過一天。但心靈創傷就在這看似寂靜沈默、沒有反擊的作爲中，靠著時間涓滴流逝而逐漸癒合。

當內在傷口逐漸結疤之際，外在環境的某些變化，也會爲生活帶來契機，爲內心注入活水。這時回頭一望，幽谷已忽焉在後，心中不知何時滋長出一股靜謐深厚的力量。

經過這場生命「浩劫」的人，後來才會明瞭，那個心靈的疤無非是人生底層力量的示現。哀痛自有其意義，痛苦讓人透澈生命的奧秘。在哀傷的底層，有著人生智慧的珍寶，通過試煉，自能挖掘出心底那股渾厚且源源不絕的力量。

而我們能給朋友最好的支持，就是陪他走一段。我們無法分擔痛苦，但我們能了解，朋友正在經歷一個痛苦並重生的完整歷程，待走出哀痛，人生自是不同的風光。

11 揮別空虛

你常有種說不出來的低落情緒。有時是你獨自一人逛街時，突然感到這種情緒來犯，讓你頓時對五光十色的街景失去了興致。有時候是跟一群人在一起，在大家天馬行空之際，無端心底就浮起這種不舒服的感覺。每當這種情緒籠罩心頭時，你覺得跟周遭好像有層無法跨越的膈膜，感到了無生趣又有種沈沈的失落感。你實在不了解這種情緒到底是什麼？

我們所經歷的各種情緒中，就以「空虛感」最無以名狀且捉摸不定。空虛感就像是心裏面的黑洞，具有超強莫大的吸力，一旦被捲進了黑洞，整個人也就被空虛感所縛。

而你如何與空虛奮戰呢？你甚至不知道該如何使力呢！

這正是空虛讓人束手無策的地方。常常是愈想去弄清楚、或去克服這種虛無，就愈深陷其中。這就是虛的特質，就算耗盡力氣對抗，終究徒勞無功。

要對抗空虛就要看清虛的本質——就是不存在。這時如能轉移注意力做些「實質」的活動，如逛街就認眞挑選衣物、聚會時就專心與人談話，都可有效驅走空虛感。

至於常感到空虛的人，很可能是活得不踏實。有些人在生活中懷有不切實際的期望或目標，自己總是在生活中追尋些什麼，而沒有落實到生活本身，如此不免常感虛幻不實。

要揮別空虛感就要建立「務實不務虛」的生活態度，能「活在當下」的人，心中是不會有這麼一個黑洞的。

二　心情哈哈鏡

我們的世界有山有水、有花有鳥。而文人看到的世界是山高水長、鳥語花香。看在環保人士眼裏，可是山禿水滯、鳥驚花不開。

可見，我們看世界可不是「來函照登」、「依樣畫葫蘆」、「完全影印掃瞄」。畢竟，我們的心難如明鏡，而是有如哈哈鏡。

這面哈哈鏡讓我們很難看到原版的世界，而在海盜原版時不免誤植、扭曲、增刪……

懷著這面哈哈鏡，我們就像艾麗絲夢遊仙境般，忽兒變大忽兒縮小，而且看到的盡是荒誕走樣的外界。

或者……在看到有大有小時，已是哈哈鏡在捧腹了？

12 甜檸檬心理

隔壁李太太的先生最近升官了，李太太逢人就說她總算熬出頭，能以夫爲貴了。你聽了自然不是滋味，老公那個臭身段讓他到現在還在原地踏步。不過，你想想，也好，搞不好李太太隔陣子要抱怨「悔叫夫婿覓封侯」。老公雖難發達，但至少薪水袋都繳庫，就是不升官你也掌握經濟大權，那升官有什麼了不得的？

伊索寓言中，吃不到葡萄的狐狸，就說葡萄是酸的。這時如果牠只能轉而吃檸檬的話，一定會說檸檬是甜的！

不管是「酸葡萄」或「甜檸檬」，都是我們內心受外境刺激時，試圖透過理性的運作，來安撫內心起伏不定的情緒。在心理學上，這就是所謂的「合理化」作用。

例如「甜檸檬」心理，能讓人在達不到預期目標時，提高自己現狀的價值，好讓自己安於實情。只是這時內心裏自卑與自傲並存，爲的就是保護既脆弱又高傲的自尊心。

當心理不平衡時，運用一下這些保護自己的方法，也不失爲自我調適之道。只是，若能調整期望的落差，便能接受檸檬雖酸，卻也別有滋味的事實，也就能擁有恰如其分的自尊與自信。

13 內心的反光鏡

不知道從什麼時候開始，你們社區兒童遊樂場旁的綠樹，結出纍纍桃子。你一直覬覦著桃子成熟後，要偷偷採下來醃漬。一天午後，整個社區彷彿還在沈睡，你趕緊到遊樂場去，卻看到鄰居李太太在樹下雙手向上伸展。你心想她簡直貪婪得可惡，竟圖謀私摘公產。這時她向你招手喊著：「陳太太到這兒來動動，這兒涼快！」

我們看到的外在世界，往往是有限而扭曲的。造成扭曲的原因是我們不敢面對自己人性脆弱的一面，像是私心、貪婪、猜忌等等。這時，我們的內心就會很巧妙地透過一種保護自己的工具，也就是一面像是反光鏡的東西，把這樣的弱點反射出去，歸諸他人，心理面就不會矛盾痛苦。

這就是心理學上稱的「投射作用」。

只是，每每一使用投射作用這法寶，不但會看擰了外界，也弄不淸自己的眞相，也就無法在痛苦的自覺過程中，淨化成長。

唯有摘除內心這面反射的鏡子，才能開始反觀自己。不見得自此就沒有人性脆弱面，但能由此洞澈人生智慧。

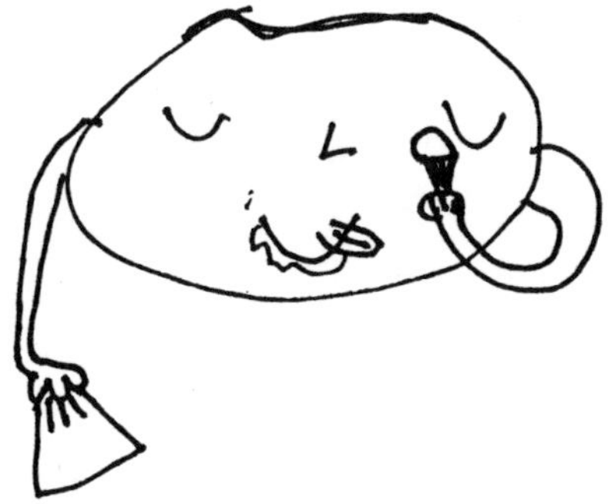

14 心裏的框框

坐在公車上，你看到上來了個穿透明裝的少女，你撇撇嘴，心想：「眞騷包！」然後你聽到有人分析內閣的布署，你又起反感：「眞是好發議論！」這時你注意到有位老先生端詳你有段時間了，你才暗罵：「老不修！」沒想到他對著你說：「年輕人，你坐的是博愛座！」

每個人心中都有套標準。我們往往用這樣的標準去衡量周遭的人事物。希臘神話有個叫達馬斯特的惡棍，常將路過的旅人綁到他的鐵床上，凡身材比鐵床短的就拉長，太長的就截頭去尾，好跟鐵床等長。

現實生活中，這張鐵床其實就是太過的標準。當我們用這樣絕對的自我中心看世界時，其實就在進行著一場心理暴力。心理頭的框框會不自覺一直在做著拉長截短的動作，內心就不可能獲得平靜。

有空不妨省察一下自己的標準，是不是已封死到框不進不同尺寸了？留點彈性，其實也是讓自己的內心有迴旋的空間。

15 對號入座的謬思

你打開報紙，看到一篇細述丈夫外遇的十大前兆：出其不意送你禮物、常有來歷不明的電話、突然注意儀表穿著……你邊看邊對號入座，想到丈夫半年前突然買了你嚷了好久的香水，記不清哪時候曾接到神秘女子連打錯電話，前陣子丈夫心血來潮買了件花襯衫來穿……頓時，你開始懷疑、憂慮，想著想著，好像丈夫已經出軌了，繼而感到憤怒、沮喪、失去信心。

對我們最切身的人事，我們很容易借由閱讀或聽取他人經驗、看電視電影等方式，產生聯想或移情作用，繼而引發心理連鎖反應。

而事實上呢？讀報的當下你好端端的，只是一發揮聯想力，就會陷入負面情緒的連鎖反應裏。這時，要先能「察覺」自己已陷入負面的想像情境裏，才能停止這種無止盡的聯結與想像。

接下來，我們要能試著往另一個方向推想，例如丈夫還是按時上下班、作息並無異常、也沒眞的心虛刻意買禮物來補償你等等，如此就能打斷這種不必要的聯想，避免負面情緒像漣漪般擴散開來。

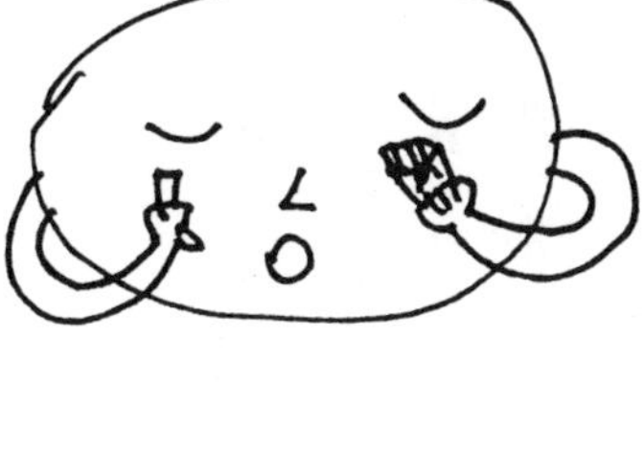

16 誰才自私？

從小，妹妹向你要橡皮擦、借洋裝、幫她趕暑假作業而被你拒絕時，她就開口罵你「自私」，而你一定反唇相稽：「你才是天底下最自私的人」，妹妹總立刻喊著「的相反」，你們就會「的相反的相反」個沒完沒了。沒想到，日後交友、戀愛、工作，你都曾跟別人互罵「自私」，讓你氣憤難消的是，明明是對方自私，爲什麼對方反咬你自私，究竟自私的是誰呢？

所謂「人不自私，天誅地滅」，這點雖很能合理化自私，但很少有人勇於承認自己是不會被「天誅地滅」的。

那是因爲，自私雖有其「不得不」的一面，但至少還沒被美化成夠酷、夠帥、夠讓人稱羨模仿的特質。相反的，自私這項人性「必要之惡」，還是很小鼻子小眼睛的，就算是眞的「自私」起來，也要藏頭藏臉，找很多「天誅地滅」以外的理由。

自私倒是有下列「能不自私嗎」的原由：有的是缺乏安全感，不時需要累積藏私；有人是負擔比較重，凡事得先求自保，否則自己倒下了，肩上的擔子怎麼辦？還有的人是需求比較大，擁有再多也還是匱乏；還有人是眼界小，習於什麼都抓牢。

由此可見，自私的人本身就無法做好自我平衡，自私的行止，只是生活失衡後所需要的保護殼。

至於究竟誰才自私呢？其實自私是相當有感染力的，常是從互動而來。當你責怪別人自私時，不妨也看看自己，如果自己願讓些空間出來，通常對方也會放鬆些，不然至少自己呼吸也會通暢些。

17 羨慕還是嫉妒？

記得小時候，你穿上爸媽買給你的新衣，對著同學炫耀：「你是羨慕還是嫉妒啊？」而有回同學騎新騎踏車到學校，也直問你是「羨慕還是嫉妒」，你這才感到那種酸酸的感覺，而且還有種「那才是我的」的想法。長大後，嫉妒的情緒經常相隨，看到朋友的股票漲停板、同事升遷、親戚買新屋、甚至路上打扮輕俏的帥哥帥妹，都會讓你眼紅不舒服。

我們常打趣或半諷刺地問人：「是羨慕還是嫉妒？」可見這是兩種不同的情緒。羨慕，是對別人所擁有的東西由衷佩服，但嫉妒可是貶低別人所擁有的，甚至還有種別人從你這兒奪走，才得以擁有的非理性想法。

嫉妒是種酸酸的情緒，一旦升起，就會在心中溫溫熱熱地發酵，慢慢地心裏面就被這種酸性盤據，心裏面的空間變得窄迫不悅，自己就是在嫉妒的那一點上出不來。

雖說嫉妒的人在心中貶損別人，實則這種貶損是來自於看輕自己。怎麼說呢？當別人（一時）擁有我們所沒有的，並無損於我們的完整性，可是一旦我們因而感到「相形見絀」，就會生出酸酸的嫉妒情緒。

所謂「心中有屎，看人皆屎」，嫉妒就像一面鏡子，反映出我們的內心世界。當我們看到別人好，就想見賢思齊，可見我們內心時時在求成長進步；如果只是純欣賞，反映出內心的質樸寬厚；但如果是眼紅嫉妒，可能就是對自己缺乏信心了。

下回眼紅時，可別再往外吐酸水，嫉妒反映出自己生活的停滯狹隘、對自己動輒不滿意，反而該好好想想如何愛自己才對。

18 孔雀心態

不知道從什麼時候開始，你很喜歡比大：你看到嫂嫂戴了一顆零點三克拉的鑽戒，不久你也買一顆半克拉的來比大。同事講電話聲音高了些，你也故意撥了個電話，扯著嗓門講電話。而當一群人在交換遭小偷的經驗時，你口沫橫飛「蓋」著小偷如何施展壁虎功，爬上你十二樓的家，打開智慧型保險箱，害你損失一百多萬……

「孔雀開屏」是很華美壯觀的景象，但孔雀多少也有愛炫耀又霸道的含意。因其開屏時總有些顧盼自雄的樣子，而且又占據不少空間，有種不讓人專美於前的味道。

待人接物一旦出現「孔雀」心態，就容易陷自己於不停比較爭勝的情境，而且常常是爲了強出頭而盲目較勁。這就像是孔雀開屏時，誇示著牠那華美的長羽，美則美矣但美中不足的是——美得目中無人。

就像自大的另一面是自卑，孔雀心態實源於根深柢固的不安全感，可能是我們的社會太過強調成功、成就，很容易讓人汲汲於爭勝求贏，唯恐落於人後。

人不免都有些虛榮心，只是如果虛榮心太過，到出現「孔雀心態」，也是一種心理失衡。這時不妨檢視自己的自我形象，是不是已脫離眞實，乃至得常常膨脹自己，才夠得上這樣的完美形象。

其次，不要迷信「贏家通吃」的社會價値，畢竟能通吃的無幾人，這社會還是不輸不贏、有輸有贏的人居多，人生不也如此？

19 天使與魔鬼

你向來就是那種黑白分明又擇善固執的「頑」人。現實生活中，這種個性或說人生態度，眞的讓你「混不開」，也就更令你憤世疾俗。最近你看到王鼎鈞先生寫的《四個國王的故事》，文章正好觸到你的盲點，適時點醒你，人本來就同時具有天使與魔鬼兩面，而且小至做人處世大至治理國事，這兩面都缺一不可。

我們身處二元世界，我們看到這世界有生有死、有日月、天地、陰陽，乃至有好壞智愚眞假，而且我們很容易就看到這二元是相互對立的。影響所及，我們看事物的角度就容易執於一端，以爲眞就絕對無僞，善惡不能相容，天使與魔鬼不可能共舞。

我們總是只看到一面，而且從這面來看另一面，難怪常感矛盾困惑。例如我們看到自己有不忍人之心，但也有小奸小惡的一面。當我們厲聲批評別人時，說不定正是別人傷到我們的驕傲或利益處。但我們就是看不到這些互動交迭，也因而忽嗔忽喜、愛恨交雜。

或許我們無法看透天使與魔鬼乃一體兩面，但至少我們能學習讓自己內心的天使與魔鬼和平共處，並懂得駕馭自己與別人的魔鬼。或許有朝一日，我們會發現在不知不覺中，天使與魔鬼的界限已破除，他們還彼此合唱著「我泥中有你，你泥中有我」！

三 聽，日常雜音

沒人喜歡聽雜音，更何況是心裏面的嘈嘈切切聲。

爸媽的牢騷、他人的閒話、長上的厲聲斥責、良心的微弱呼聲，還有那不時發出「我要、我就是要」的眞實渴望⋯這些聲音怎麼可能譜出悅耳的共鳴聲？

可是，這就是每天在我們腦袋裏反覆的「百家爭鳴」。

你聽過自己的「百家爭鳴」沒？

靜下來，用「心」聽。哪，那不就是發自心裏面的雜音嗎？

20 內心咆哮的怪獸

從小，你就不喜歡自己多愁善感的一面。長大後，你更是怯於承認自己有敏感的特質。你認爲，敏感就等同易受傷、脆弱、沒有韌性。在你看來，敏感幾乎就是弱者的同義詞。你小心翼翼，藏起這種你視之爲缺點的特質。在不承認、不喜歡之際，又得承受敏感帶來的「重負」。你常說，如果活著很辛苦，那敏感的人可眞是活受罪好幾倍。

古今中外多少藝術家、作家都是生性敏感的人，可見敏感除了纖細易感之外，還是創作的原動力。

可能就是那種心細如髮，能見人所未見，敏感的人就像寂寞的開路先鋒，在「前無古人，後無來者」的情況下，踽踽獨行。有人在這條路上，信心不夠，自己絆倒自己；也有人在這條路上，跌跌撞撞，最後還眞是開出一條路來，讓人得見另一番視野。

其實，敏感本身並不細膩，倒像是頭有著巨大能量的猛獸，只是雙眼看不見，動輒衝撞。外界丁點刺激出現，牠就恣意發飆，令人生畏。敏感的人，常常是懾於內心這股力道，而壓抑內縮。

當受到外境刺激，感覺太多、太強之際，就要學習運用理性來安撫，如果安撫不來，也要用意志力與之抗衡。就在這樣一次又一次馴服內心那頭不時咆哮的怪獸過程中，不自覺承繼其能量與學習得來的智慧。

敏感，你的名字不叫弱者，駕馭得當，反能成智者。

21 鑽牛角尖

你在腦中已經想了不下幾十個理由，爲什麼某某同事今天看到你時，沒跟你打招呼，神情淡漠地與你擦肩而過。你努力回想是不是自己借錢忘了還？還是這陣子太過努力表現而招嫉了？有可能是無意中犯了他的忌，說他胖惹他生氣？再不然可是他聽了什麼不利自己的小道消息了？沒想到下班前，你才弄清楚他今天隱形眼鏡洗丟了，一整天都在霧裏看花。

鑽牛角尖可說是在情緒中翻攪，隨著情緒載浮載沈，無法上岸了脫。

當人針對一個問題翻來覆去咀嚼，而且都只往一個方向思考時，就已是鑽進牛角尖裏而不自知。這時愈想愈細密，看似想得多，其實是想得很少——因爲就只朝一個方向、一種可能反覆推敲，一旦有別的角度或想法閃現，也會被已滾成雪球的單一假設「吞噬」，更增強原有的假設，這時也只有「鑽」字可堪形容。

可以想見，鑽牛角尖就好像情緒長了「癌細胞」，所有其他的想法、情緒都會被此「癌細胞」吞噬殆盡，這也是爲什麼只要是鑽進牛角尖裏，通常很難鑽出來。這時，要先察覺自己在鑽牛角尖了，才有可能阻斷這個惡性循環，讓別種想法有空隙從腦中竄起，才能成功地鑽出牛角尖。

對鑽牛角尖的人來說，腦中就只盤旋著一種想法，實則世界很大，人與人之間也有多種可能的解釋，問題不一定都要有「一定的」答案，開放多種可能，活得更寬闊。

22 內心的暴君

從小你就是那種寧爲玉碎型的人。功課沒寫好，便想稱病不上學，美術課圖畫畫不好，寧可撕毀得鴨蛋。還有，一照鏡子，你光看不盡如人意的蹋鼻子，後來你發現左臉比右臉多約零點四八公分，就覺得好像是世界末日。入社會後，你雖表現得出色盡責，但那分求好心切可讓旁人直嚷吃不消。你甚至擺明說：「我就是徹底的完美主義者，不要跟我打哈哈。」

有人形容完美主義像是內心的暴君。這個苛刻的暴君總是在心裏面指使著去完成「不可能的任務」，又在不可能做到時暴跳怒吼，讓人更疲於奔命、抬不起頭，而且還讓周遭的人跟著遭殃。

有完美主義傾向的人，不願意面對內心必然存在的陰暗殘缺，以及人生層出不窮的失意挫敗。他以爲，在心中樹立一個完美的形象，能讓自己所向無敵，立於不敗之地。

但事實剛好相反，這個完美的假象反而不斷提醒他不夠盡善盡美，讓他更加自慚形穢。而愈不完美，就愈讓完美主義者抓緊假象來「保護」自己並「抗拒」缺陷的事實。如此惡性循環，使得完美主義者漸漸在心中滋養出這麼一個蠻橫的暴君，而且還被此暴君奴役得愈發覺得自己沒有價值。

所以說，人是當不了「完人」的。人性本來就不完美，完美主義者拒絕正視人性與人生的全貌，反而企圖以假象掩蓋眞相，也就離完美遠矣！

23 放不開的轠繩

你常猶豫不決。看到莎士比亞的《哈姆雷特》名言：「存在或不存在，這是問題所在。」你覺得眞是心有戚戚焉。這種個性讓你小至要不要參加同學會，大至選工作、擇偶，都可反反覆覆，做不出個決定來。就這樣，你贏得「最常放鴿子的人」、「最善變的人」等稱號，誰知道在「去或不去」、「是或不是」的擺盪過程中，你所要經歷的煎熬。

所謂「三思而後行」，就是要人行事不要魯莽衝動。但如果是「三十思後還不行」，就失之優柔寡斷了。

優柔寡斷的人在思考與行動間失衡，而且是想得太多，沒什麼行動力，就這樣惡性循環，總是以思考代替行動。腦中的想法一旦取代做法，就容易憂慮，不斷在想像中擴張並膨脹危險的存在，而更不敢「輕舉妄動」。

之所以猶豫不決乃是害怕受傷害、怕挫折失敗，而行動意味著脫離安全熟悉的環境，邁向不可知的情境，不免讓猶豫不決的人想以周密的思慮來防患於未然。然則眞實的狀況總要到行動後才經驗得到，豈是在思考中所能模擬演練的？

思考與行動得相輔相成。思考猶如操縱行動的韁繩，在決定了方向後，就應揮鞭前行，然後在行路上不斷修正。但優柔寡斷的人一直緊握韁繩不放，不管往哪個方向都覺危機四伏，只能在原地打轉。

天下沒有完美的決定，不同的選擇自有不同的風光與承擔，不放開韁繩，就只能自我爭戰，那何不如跟不可知的際遇奮戰？

24 心裏的鐘擺

小時候每到晚飯過後，八點檔連續劇上演時，你總是在想看電視但又必須寫功課之間掙扎老半天；後來，你又在喜歡文學但還是學商比較有出路間，考量不下千百回；等大學畢業後，你在是要投身賺錢工作，還是走自己喜歡的研究工作之間，來來回回掙扎，做不出決定；每當掙扎不下時，你試過放棄掙扎，乾脆丟銅板定奪，但一丟出結果，你又立刻反悔……

當人感到掙扎時，就好像心理面有個鐘擺，整個人就這樣來來回回擺盪個不停。這時，即便想破腦袋也沒輒，誰叫心裏面就是如此擺過來、盪過去的。

之所以形成掙扎的心理，主要是我們總是要在「理想」與「現實」、「實然」與「應然」之間，尋求妥協平衡。這就像是要在兩條平行線中，找出交會點，也難怪夠人擺盪的了。

掙扎時，我們感到有股強烈束縛的力量，這股力量多來自「應該」的不得不心態。例如，明明我們想選擇自己的理想，但內心又有個聲音要求我們「應該」怎麼做，就這樣內心有了矛盾，我們在自我意願與外在環境的限制間產生了對立。

這時，若順從自己的心意，環境上諸多考量又有些天不從人願，而屈就環境上的限制，又不是自己所願。這正是掙扎磨人的地方，兩邊拉力均等，幾乎不可能找到折衷之道。

所幸掙扎只是過度期，這種看似進退維谷、夾在中間，其實也是人生中學習取捨、做出抉擇的成長過程。就在一段一段的掙扎歷程中，我們漸漸認清現實，落實或修正理想。我們不就是這樣長大的？

25 「父母」的告誡聲

你愈來愈不知所措了。每每在市區轉車，你就想逛街買衣服，但怕人說你「虛榮心重」，你往往改逛書店；大熱天裏，你想穿上時髦的無袖洋裝，就怕別人笑你「悶騷」，你從不輕露纖纖玉臂；還有，你不想讓同事譏你「拍馬屁」、「好大喜功」，便老是混在其中，不敢提出表現你優點的計畫。就這樣，你愈活圈子愈窄小，都快透不過氣來了。

怕人說長道短，其實正標示一個人的自我還沒有成熟，尚未脫離「父母」，長大成人。

小時候，父母扮演社會規範的教導者，隨時隨地告誡我們要守規矩。之後，不管是學校師長、大衆媒體、或僅僅是他人目光，都像是年幼時的父母，無時不在監控我們的言行是否悖理。

隨著年紀增長，我們已把社會規範與價值內化到心中。我們除了「行得直，坐得正」之外，還發展出自己的主見與個人風格，同時我們得對自己的言行負責任，並承擔選擇後的結果。

這時如果做任何事時，還不時響起猶如父母的告誡聲，那就代表還未成熟到做自己的主人，還像是兒童般尋求父母的贊同與保護，也就不免常感無所適從，侷促窘迫。

何不聽聽自己眞實的渴求，勇於告訴別人，你就這「德性」！

26 思想萬能？

一早你接到好友打電話來說，即將跟先生回台灣定居，你聽了好不開心，心想難怪最近老是想起老友。打開衣櫥，你想最近老下雷陣雨，決定不穿任何黑色的衣服，因爲每回穿黑必下雨。你挑了藍上衣白長裙，取其藍天白雲之意。待要出門時，你才發現找不到鑰匙，你不四處尋找，反而停下來想：「星期天是晴天，這個禮拜理應不會掉東西啊！」

誰不想「心想事成」、「有求必應」呢？

若說時下流行復古，那「心想事成」也算是人心理狀態的一種倒退。兩、三歲的幼童只要嚷出需求，父母往往拗不過，需求常可立時獲得滿足。因此，幼童有種佛洛依德所說的「思想萬能」想法，以爲只要「想什麼」，就能「有什麼」。

隨著成長，我們能忍則忍，學會了延緩滿足。後來更經歷到什麼叫「事與願違」，了解成事不能單憑主觀意願，還要有客觀環境配合，甚至常常是「形勢比人強」。

這時，如果還停留在那套「心想事成」的邏輯裏，生活中就不免布滿自己聯結來的迷信，主客觀環境不分，也就挫折處處。

要打破「思想萬能」迷思，就要能突破自我中心的想法。地球又不是以你公轉，天下不下雨又與你何干？

27 跟自己過不去

你過了烏煙瘴氣的一天。一早賴床，害你上班遲到，不但挨刮又被扣錢。坐定後，同事表情怪異，還問你好不好，原來你跟男友爲錢吵架，早已一傳十，而且你根本不敢追問流言傳成了什麼樣。再加上近來辦公室電腦化，你沒花時間熟練操作，上起班來備感壓力沈重。不巧的是，你偷空跑到附近診所看感冒，回來被老板逮個正著，現在你還提心吊膽不知道會被怎麼處分。

我們常說「自己是自己最大的敵人」，可見我們常跟自己作對，怎麼說呢？由內來看，我們常要克服自己內在的反作用力、負面情緒，如早上得克服惰怠，才能準時上班；在看到美食時，得克制食慾，才能避免發胖；在學習新事物時，得按捺住恐懼，才得成長進步。這些都是發自於內的絆脚石。

從外來看，我們常說「人言可畏」，其實別人說閒話是別人的觀點或感受，照理說與己無關，可是若自己受到影響而動搖了，就會覺得「可畏」。因此，環境中的敵意、妒意、猜忌、傷害……，總是自己有所回應，才會受到傷害。

自己跟自己過不去的時候，內在就有很多聲音、交雜著各種矛盾的情緒，這時內心會開始嘗試自我整合。如果整合成功，也就不會自己絆住自己。如果一直在整合，內心各種力量相互角力，很容易就做出對自己不利的事來。

想打倒這個最大的敵人嗎？當賴床的聲音大過起床號角時，只有在心中大喊「一、二、三，起來」一途，還有別的致勝訣竅嗎？如果在反覆的「一、二、三」中昏沈，那不就又輸給自己了？

28 理性與感性

上星期，好友才在電話裏抱怨她老板極盡苛刻挑剔，讓她當場下不了台。你不但安撫得宜，還出了些主意，讓好友寬心不少。沒想到，剛才老板叫你到會議室去，先數落你的不是，然後要求增加工作量，你聽了氣憤難平，所有的情緒反應與好友如出一轍，你不知道那時勸好友的理智哪裏去了？

如果將人的心靈運作畫分爲兩大類：理性與感性，那麼「當局者迷，旁觀者清」指的就是理性與感性微妙的作用。

當局者往往被情境引發的情緒牽著鼻子走，而淹沒了理性的判斷；旁觀者沒有情緒的作祟，也就感受不到情緒的波濤，自然能運用清明的理性，看出當局者的盲點。

但理性與感性相輔相成，密不可分。理性是一種思維，可以分析判斷；混沌一片的感性卻與生命動力相連。光有理性沒有感性，就少了行事的能量；而只感性不理性，不免喪失行動的依據。

我們總要不斷在理性與感性間取得平衡，才能面對變化無常的外在環境。當碰到問題，情緒過頭時，不妨諮詢別人的意見，待尋回理性看清問題後，自能把力量轉換成面對問題的能量。

29 心中的掌聲與噓聲

從小你總是名列前茅，但每次考試前，即使你已複習得滾瓜爛熟，還是直擔心自己可能考不好；和同學一起學游泳，你就是不敢放開救生圈，你怕一放開就滅頂，到現在你還是不折不扣的旱鴨子；後來戀愛，你更是且戰且走，好多段戀愛都在你原本就不看好的情形下應驗了；你還常看到別人擁有你所沒有的，而不時怨天尤人，你想你就是樣樣不如人吧！

所謂「信心」就是對還看不見的事物能相信。想想看，我們做很多事情時，根本看不到結果，如果不憑著信心，如何能付出努力，得到美好的成果？

而「自信心」也是這麼回事。有自信的人，就好像內心有個啦啦隊，不時在為自己加油打氣，讓自己愈發能向目標步步邁進。而自信心不足的人，心裏面有的卻是漏氣部隊，隨時對自己的所作所爲發出噓聲，老是自己絆倒自己，與目標失之交臂。

但自信滿滿跟自滿可不一樣。有自信的人除了相信事在人爲外，也很清楚自己的限制所在，不會誤以爲自己就是無敵鐵金鋼，「蝦米攏嘸驚」。正因爲有自信的人知道自己的長與短，不會去做些螳臂當車、匹夫之勇的事，也就不會無端挫折自己，讓自己失去信心。

不是完美無缺的人才能自信心十足，有自信的人也非樣樣得第一。自信是發自於內的，不會隨著環境變動不居或因人而異，其秘訣就在於相信自己是「只此一家，別無分號」，自己的幸福不靠自己努力，還能靠誰呢？

30 帶頭找頭

每當你碰到挫折，萬念俱灰之際，你就想起大學修過的心理學，而且認定一定是你没活出眞正的自我，才會如此受折磨。而究竟什麼才是你的「眞我」？你已尋尋覓覓了好幾年猶不可得。每每一受挫，你就拿出筆記本，把自己的優缺點記下來，希望能藉此找著那個能讓你輕安自在的眞我，你也以爲到那時就能解脱一切，圓滿自足。但直到現在，只見你還是不時拿出筆記本……

有人形容，尋找自己的過程就好像是「帶頭找頭」，想想看我們是用什麼找自己呢？不就是自己？尋找的人就是被找的人，這意味了什麼？不就是尋找註定遍尋不著、愈尋愈遠？

很多想尋找「眞我」的人，恐怕只是想找到一個堅強完美、永遠立於不敗之地、不會受現實折磨打擊的「我」而已。這樣的我不是眞我，而是理想的我，不過是心中完美形象的投射，也難怪會遍尋不著。

想見眞我「廬山眞面目」的人，其實不必捨近求遠，只要靜下心來反觀自己的內心活動，就可發現自己是如此的繁瑣、變動不居，尤其有很多自己不想面對承認的缺點與限制。而這就是如假包換的「眞我」了。只怕很多人就算找到了，也不想承認吧。

眞正的我是完整而不可分割的，不可能經由分析、尋找而得，而且就跟大自然所有「眞」的東西一樣，都是有瑕疵的。想尋找眞我的人，恐怕只是害怕面對自我的限制與生活不由自主時吧！

碰到問題時，與其去尋找那不可得的「眞我」，還不如面對活生生的問題，在面對之際，才看得到眞我的力量！

四　面具珍藏家

不知道從什麼時候開始，我出門必戴面具。

某天，在回家卸下面具後，我突然憶起這個面具並不合適今天去過的某個地方。自此，我就不只一副面具。

漸漸地，我不只回家卸下面具，還會邊回想邊琢磨這副面具應有的應對進退，然後小心保養上蠟，這才恭謹地掛回去。

至此，我成了面具的珍藏家。在珍藏自己的面具之際，我也更了解別人面具的優劣，不免擷長補短，精益求精。

只是，我還是弄不清面具底下是怎樣的一張臉孔？

還有是不是也值得珍藏？

31 我又胖了？

隨著氣溫節節高升，你也愈穿愈涼快。没想到，當你穿上新買的紅色無袖洋裝，興高采烈踏進辦公室，同事就對著你衝口而出：「你是不是又胖了？」穿著大紅色彩的你，頓時羞憤交加，想鑽進地洞去躲起來。你還懷疑同事居心叵測，故意當衆讓你難堪。

絕大多數婦女對自己的身材都極端挑剔，不甚滿意。只要身材被拿來做文章，多半會感到困窘、氣憤且自我懷疑。

其實，身材就跟天氣一樣，是人們見面打招呼時的開場白。如果對方只是以輕鬆甚至關懷的口吻談此敏感話題，就不妨以自我解嘲來化解尷尬，像是笑說：「難怪，最近老覺得需要散熱！」

若感到對方不懷好意，存心讓你下不了台的話，就不妨回敬幾句：「就是嘛！你是不是也跟我一樣，冰淇淋吃多了，也發了？」

當自己對身材的胖瘦還無法釋懷，又不見得能包容別人的言語時，最好當場適時反擊，才不會讓自己事後氣憤難消。否則原本小事一樁，可能因沒有適時化解，反而變成積怨難了，不也傷神？

32 善意的訊號

近來你老愛講「你賣假」。鄰居看到你抱著的一歲小兒子，連聲讚他聰明可愛，你順口就說「你賣假」。同事隨口說你近來瘦了，你也回說「你免假」。連老公說你燒的豆瓣魚眞是好吃，你也說「你賣假」。等你誇對門吳太太九重葛種的眞是美極了，卻換來她面無表情說「你賣假」，你才發現自己眞是熱臉貼冷屁股，自討沒趣。

誰不喜歡被戴高帽子？有個笑話是這麼說的，有個自認剛正不阿的人說：「我這人最不喜歡別人戴我高帽。」別人回說：「是啊，您一向高風亮節。」他也不禁面露喜色。

但面對讚美，我們不免有心生矛盾時。一則自然是喜孜孜的，一則又懷疑是別人隨口說說，或是別有所求，才會口角春風。

這種欲迎還拒的心情，實來自我們的自我懷疑心理。常自我懷疑的人，對自己已是批評多於鼓勵，對來自別人的美言也就「無福消受」。還有就是太自我中心使然，把這種生活中俯拾即是的「好聽話」，太當眞追究。要不然就是太害羞，只好表現出拒恭維於千里之外的樣子。

其實，這不過是人際互動中善意的訊號，雖浮面，但可用以維繫良好的關係。在接到這樣的誇獎時，也就「賣假」，笑納吧。

33 人性的陷阱

不知道是怎麼開始的，你學會用些「小動作」表達你的意思。像是與同事爭表現，你故意在同事正忙時，向他借這借那，屢屢中斷他的工作。又你在家族聚餐時指桑罵槐，故意罵孩子好吃，其實是影射嫂嫂貪心。還有你在新主管上任時，悄悄到主管家送禮輸誠，還一反常態加班，沒想到同事在下班臨走前，當著主管的面問你：「馬屁精的精是哪個精？」氣得你差點吐血。

當人際互動開始演變成明爭暗鬥時，理性眞誠的溝通常就此打住，代之以間接溝通「鬥法」。

這時千奇百怪的「小動作」層出不窮，而且很容易引發人性中以牙還牙的那一面，形成人際間的惡性循環。荒謬的是，到後來甚至只是爲鬥而鬥，徒然互相傷害、損耗。

這種情形最容易在辦公室和大家族中滋生開來。因人員衆多，資源有限，剛開始爲了爭奪資源而鬥，到後來競爭愈發惡質化，往往落得「數」敗俱傷。

這時最好能跳出來看看自己所處的環境，其實是已身陷泥沼，還在耗盡力氣跟「假想敵」干戈相向，而弄不清燃眉之急乃是趕快從泥沼中脫身。

能看清這種情境本身就是一種人性的陷阱，就能從泥沼中掙脫出來。能戰勝人性的弱點，才是更大的挑戰。不然就只是一直在不同的環境，換不同的爭鬥對象而永無寧日。

34 自我的牢籠

你對著好友衝口而出：「我眞是看走眼了！」當初就是看準好友溫和又負責任的個性，你才主動提出合夥投資開店的計畫。沒想到合作後，好友彷彿變了一個樣，彷彿那家店是他一個人的，不但堅持己見，而且愈來愈排斥你。你氣不過，跟他攤牌，沒想到他反指你霸道任性，容不得人。你沒想到自己也有演出「狗咬狗，一嘴毛」的一天！

我們常看到朋友反目時，咬牙切齒互指對方：「我終於看清你的眞面目。」其實，「眞面目」往往就只有一種面目，那就是一個人赤裸裸的「自我」。

這樣毫不保留的自我，往往只有最親近的家人，我們才敢坦露出來。對外，我們多有所保留，按捺住自己直接眞正的反應。這種必要的「社會面具」，常讓人看不清一個人的「眞面目」。

當出現利害衝突時，這時也是一個人自我意識最強烈的時候，「眞面目」往往自然流露。但摘除面具後，繼之而來的是關係無以爲繼。

這是因爲原始的「自我」具有排他獨占性，每個人的「自我」總堅持自己的判斷才對，自己才是有理的那一方，而成僵局。

俗話說：「退一步海闊天空」，當兩個「自我」對峙時，就需要有人讓步。也只有「退一步」的那個人，才能體會從自我牢籠中解脫出來的開闊吧。

35 愈猜愈遠

快到年底，親朋好友間的送往迎來、聚餐敘舊活動突然增多。你是很愛熱鬧，但每次熱鬧過後，總有些後遺症。像是你南下看公婆，就會在回來的高速公路上想，婆婆是不是暗示你，回家的次數不夠？到親戚家做客，回來你也會想，他們會不會對你送的禮物不滿意？跟大學好友聚會，回來後你更是滿腹勞騷，你覺得自己沒有月入十萬的老公、生兩個小孩，一定被同窗看不起！

我們常說「做事容易，做人難」，可見人際關係實在很難拿捏！

由於人際關係很難驗證，所以我們常在「猜別人會怎麼想」。這種猜測多始於某種不確定或不安全感，或是有明顯的利害衝突，而且可能只憑對方的一句話、某個動作，就能有無限的聯想。可是，當我們開始揣測他人時，往往只會去「搜證」別人有問題的地方，以肯定內心原來就存在的不確定、不安全感。

當我們開始「猜」別人的想法時，原本是試圖了解別人，但因猜測的本質，反而跟別人距離愈來愈遠。反諷的是，這種想法也跟自己相背。因爲，這時焦點是放在別人怎麼看自己，一方面自己成爲被人評判、對待的客體，但另一方面又是在猜測搜證的主體，難免邊猜測邊爲自己辯解，同時感到委曲不平。這就像法官自己也是被告，如何能客觀辨案？

這時就有必要調整想法，把焦點拉回自己身上。重點應放在自己怎麼界定這份人際關係，是要君子之交？還是相安無事？還有自己能做什麼努力，以達到希望維持的關係？

與其揣度別人怎麼看自己，還不如想想自己能做些什麼。一旦自己做了努力，眞誠以對，自然就會感到坦然，也就用不著無止盡的猜測，跟空氣打混戰了。

36 No Kiss

原本你與小叔夫婦一直維持著禮尚往來的友好關係。沒想到他們北上借住你這兒四天，卻讓你灰頭土臉。他們夫妻不時拌嘴，這也罷，還要外人來評評理，你看到他們一個霸道、一個大男人主義十足，而且兩人在生活上都很不體諒人，一講電話就沒完沒了。他們似乎也感到你沒有他們想像中的「溫和善良」。原以爲四天的「歡聚」，卻演變成不歡而散，讓你心情沮喪。

我們都知道行車時要「保持距離，以策安全」，其實人際關係上也是如此。每個人都有一定的自我界限，只要互不觸犯界限，大家都可維持和善良好的關係。

一旦超過安全距離，個人的警戒防備心就會被挑起，可想而知，接下來總是「碰撞」不免。有趣的是，這時彼此間的距離拉近了，但無形的距離反而拉大。

所以，「有一點黏，但又不會太黏」的人際距離最讓人自在。在安全距離下，大家多少都散發出那麼點朦朧的美感。

當人際距離無可避免相互摩擦時，就需要創造所謂的「創意空間」，也就是適時調整自我界限，在不得不的緊密中，能跳脫出來，然後笑看這種「觸界」所會帶來的「人際失焦」或「人性大曝光」。

了解了這是空間擠迫所造成的一時失和，就要巧妙創造出轉圜的空間。時下房屋廣告所說的「挑高四米二」，就是在有限的空間中創造出「夾層」來。有時，人際間的「創意空間」就是懂得創造夾層，讓彼此在交疊時也各有天地。

37 垃圾筒的苦惱

有好一陣子了，好友感情不順，常打電話向你傾訴。你從了解來龍去脈到芝麻綠豆事都一清二楚，到後來你簡直是慷慨激昂、鐵口直斷。只是朋友好像還是陷在感情漩渦中，很難自拔。而你也從剛開始循循善誘、苦口婆心相勸，到後來聲色俱厲，讓彼此間充滿了緊張。你没想到勸人原是如此挫折人的事，現在你也想拿起話筒跟別人傾訴這種挫折了。

當別人來訴苦時，不管原本是什麼關係，這種情境很容易形成不平衡的態勢。讓人倒垃圾的一方，頓時有機會成爲青天大老爺、心理分析專家、危機管理大師，乃至全知全能的預言家。

隨著傾訴者毫不保留的吐露、愈發的信任、日漸依賴，讓人傾訴的滋味就會開始走味。這時問題或困境往往還在，甚至更加棘手，原本的青天大老爺才發現自己的分析沒有一針見血，對策無法立即見效，自己也算不上是什麼包青天、專家大師的。這時面對膠著不前的問題，容易漸生煩膩。

這都是人之常情。我們在碰到助人情境時，常不自覺落入這樣的模式。而實則，當朋友來投訴時，要避免「拔刀相助」的衝動，這不是不管朋友的死活，而是避免自己在無意中主導問題，反而讓一時陷入困境、失去信心的朋友，失去自己解決問題的信心。

下回聽人訴苦時，切忌馬上接管問題，給予分析建議。這時最重要的是給對方發洩傾訴的空間，並給予支持肯定。如此，才眞能陪朋友走過一段低潮期。

38 開口說不

想想你還是很生氣，昨天嬸嬸跟你借二十萬投資股票，答應你三個月脱手後連本帶利還你，你不好意思拒絕，還是答應了下來。答應後，你夜裏輾轉難眠，不甘心爲什麼你要借錢給別人去賺錢，你有這筆錢自己也可買股票，賺比利息更高的錢，或是定存起來，心裏也比較有安全感……但你就是很難開口說「不」。

開口說「不」確實需要很大的勇氣與技巧。

我們不敢說「不」的理由可能有千百種，如不好意思、自家親人無法拒絕、要還人情債、基於同情等等，但坦然說「不」往往只有一個理由，就是這才是自己眞正的想法。

很多人都有這樣的經驗，做自己不願意但又不好意思拒絕的事時，心中一定矛盾起伏不定，對方也可能察覺出這種不情願的蛛絲馬跡，對你的援手暗打折扣。

其實，說「不」可說是做人處事的一大考驗。在碰到有事相求時，最好要求對方給自己一些時間考慮一下，這段時間正好可「量德度力」一番，因爲當自己有餘裕而別人急需時，如果自己眞正回絕了，事後心中也會懊悔。但當對方的要求是你力有未逮或是你不贊同時，就應正視自己眞正的想法。

從這個衡量的過程，我們可更看清楚自己待人處世的原則。無法開口說「不」的人，常弄不淸楚自己的原則，如果淸楚的話，就會尊重自己，坦然拒絕，而如果答應了也能慨然承擔。

下次無法開口拒絕時，想想自己答應別人後，是不是能很阿沙力做到，如果做不到又何必弄得自己不舒服，又讓別人感到受之有愧，弄得裏外不是人呢？

39 拉風的面具

郭富城的歌友會上，你看到偶像歌星抖腿唱歌，你跟著尖聲大叫：「好酷！」然後你看到旁邊坐的男孩，把瀏海染成藍色，你不禁對他說：「你眞是酷斃了！」沒想到，他斜睨你一眼，口吐「老土」二字，這時你只想鑽到地洞去嚷著：「眞是受不了的酷！」

時下最拉風的面具就是「酷」啊！曾幾何時，現代人的疏離與防衛已不再被安上都市化後遺症、轉型期陣痛、文明代價等病名，反而被美化爲一種令人稱羨的扮相。

也難怪時下新新人類要耍酷。從小，大人就告誡他們不准跟陌生人說話、不能爲生人帶路，人與人之間層層隔離，使得人際互動上只好扮酷。因爲在酷相下，有太多對人的禁忌與恐懼。

只是這種過度防衛，使得人際間少了善意回應的空間。或許酷哥酷妹在扮酷之外，也要能適時眞情流露。而中古人類若要在這套「誰先開口，誰就輸」的新人際遊戲規則中自處，就要懂得自我消遣。

40 數字防護罩

你感到些許落寞。不知道從什麼時候開始，你已久不用名和姓。隔鄰雜貨店老板娘老是稱你爲「十六號三樓那位太太」；去銀行、户政事務所辦事，不管公民營，一概以「第XX號顧客」喚人；中午到地下街吃個飯，你豎直耳朵等候「七號烏龍麵」的叫喚聲；想到這兒，樓下響起「十六號三樓掛號信」呼聲，你本能地起身四處找印章⋯⋯

我們已進入電腦數位化時代！在這個講究效率與便利的時代中，個人往往簡化到只剩數字代號。爲了精準方便，人跟物品一樣愈來愈規格化、標準化、乃至量化。

也因此，我們鎮日就在一個又一個數字代號間游移。有時候我們確實享受到這種便利以及匿名的小小快樂，但有時更感人跟人之間互動的麻木與浮面，而慨嘆感受不到他人的尊重與熱情。

在數字的防護罩下，我們確實成功地與別人保持安全距離，免卻了都會複雜多元互動型態的衝擊。只是防護罩也阻隔了那種「有點黏但又不會太黏」的人際交流的可能性。

那何不從自己的社區或街坊鄰居做起，隨機「請問芳名」，勇於打破數字屏障！

41 與曖昧和平共處

近來你覺得自己不太會「聽話」了。婆婆要你注意營養，保重身體，你猛點頭，後來老公才解釋這是媽委婉要你們「早生貴子」，你這才恍然大悟。公司來了新主管，不想當面指責你們，每每開會總不指明何人何事，彷彿大家都心知肚明。只見開完會後，大家面面相覷，不知道「有人上班打私人電話」，指的是不是就是自己，這種不明確讓你感到很不安。

就像符號學所說的，符號的意義是不穩定的，這種不穩定讓人可以「指桑罵槐」、「以古諷今」、「意有所指」，任人聯結轉換，加油添醋。

意義的不穩定再加上人際互動的不明確，使得原就流動變化的人際關係更形曖昧，而人與人的互動在不明確的情況下，易暗生心結，甚或杯弓蛇影。

當人際傳遞出來的意義不明確時，很容易讓人在多種可能的解釋中游移不定。有人無法忍受這種曖昧，乾脆只看某一面，發展出偏執的態度，有人則因看不清，索性視而不見。

事實上，曖昧是存在的，因意義可恣意延展、人際互動忽明忽暗。這也是我們的限制之一，我們看這世界多少是「霧裏看花」，沒有不變的眞相讓我們安身立命。這種曖昧是我們存在的一種困境，也是我們必須學習超越的。

這也是爲什麼我們要愈活愈開放，人際間要誠懇溝通。開放可接納多種可能、溝通可減少意義無限的聯結延伸，如此才可能與存在必然的曖昧和平共處。

五　你投流行一票了沒？

你頭髮挑染了沒？身上有沒有刺青？腳下穿的是不是厚底球鞋？如果以上皆非的話，那你就跟我一樣落伍了！

落伍並不可取，但也不可恥。

偷偷告訴你，跟著流行走的人，在摩登、光鮮的表象下，也有不為人知的恐懼——唯恐被人說「俗」！就怕別人有什麼自己沒有的！

讓人不解的正是，跟隨流行不就落入「俗」套？為什麼此俗不同於彼俗？

或許，個人的俗跟集體的俗就不一樣。誰叫流行這玩意兒本身看似霸道，其實還挺民主的。

流行就是那種永遠高票當選的玩意兒。

這會兒，你投電子雞一票了沒？

42 流行風暴

你看到近來流行揹雙肩背包。一眼望去，街上年輕女孩背上都揹著個小包包，十分青春俏麗。你向來追隨時髦不落人後，但也不喜歡在人人都一只背包的時候，一窩蜂跟進。你變通的方法就是踏破鐵鞋，尋找「與衆不同」的背包。果然，在登山潛水專賣店，你找到了一只以軟橡膠製的紫色背包，你想，這下背包族中，就你最炫！

所謂流行就是「要有點相同，又大不同」。我們說鶴立雞群，但不說狗或貓立雞群，因爲不同類屬如何比較？乃至能分高下？

這正是流行耐人尋味的地方。我們都知道流行有感染力，當五個、十個人揹背包的時候，可能大多數人還習而不察或無動於衷，可是當五十個人都揹的時候，可能不久就會變成五百個背包族。所以一旦颳起流行風，還眞是風行草偃，勢如破竹。

流行具有傳染力，原因在於當人置身流行風潮中，一則有安全感，一則有優越感。畢竟群體本身有著從衆的壓力，當某種一致性蔚然成風時，誰都不想落單。流行就提供「同一國」的識別證，帶上這個識別證，走在偌大陌生的街頭，自能成竹在胸。

但在流行風潮中，可不是一片歌舞昇平，反而是提供雞鶴較勁的競技場，這也使流行風潮迅速滾成風暴，加速流行的感染力。

置身背包族之列嗎？想比一比誰的最炫嗎？恐怕再怎麼炫，都炫不過「流行」本身吧！

43 裸露風潮

近來，你在第四台上看到米蘭、巴黎時裝展的片斷，還眞是開了眼界，你覺得很多時裝都應該「馬賽克」起來才對。你抱怨服裝設計師眞是不知民間疾苦，老是設計些穿不出去的衣服。而且時裝潮流愈走愈偏，幾年前已是衣不蔽體，到現在根本是一襲透明衫下，什麼都一覽無遺。再這樣下去，也不必有什麼服裝設計了，大家就跟亞當夏娃一樣，用兩片葉子不就得了。

美國導演勞勃阿特曼曾在《雲裳風暴》一片中，刻畫出法國時裝界的頹靡、混亂、爾虞我詐。反諷的是，片尾模特兒一絲不掛出現在伸展台上，用以宣告「時裝已死」。或許，時裝設計的盡頭就是剝除一切服飾的形式，而裸露或者也是服裝設計師在「探底」的一種嘗試。

有趣的是，從流行趨勢可見，原本服裝設計立意以包裹身軀去呈現女體曲線，但現在省卻包裹一途，愈來愈由裸露直陳女體。可見身體「本身」在服裝設計中開始嶄「露」頭角，無需再藉由時裝的陪襯、掩映，才得以示人。

裸露風潮可能跟歐美掀起的健身風潮有關，健身使得身體意識抬頭，健身後的矯健身軀，也就無需在衣服下躲躲藏藏。也可能是歐美愈來愈崇尚自然，使得自然之軀也能在光天化日之下自由伸展。

但裸露還是相當具有爭議性，究竟裸露是以女體爲賣點，還是解放女體的束縛，就足以辯個沒完沒了。

且不管裸露的種種，多數伸展台上的時裝與我們平日裝扮相去甚遠。但至少我們從伸展台上的流變可見，現在可是身體做主的時代了，該回歸到「人穿衣服」，可別再「讓衣服穿」了。

44 廣告的魔力

跟別人不一樣，你還眞是愛看廣告。像是看八點檔連續劇，你就不曾抱怨揷播在劇情間的廣告，你甚至認爲那也是廣告的「黃金時段」，最有看頭。你還不只是看看而已，那些別人看來是疲勞轟炸的廣告詞，對你卻有種不可言欲的魔力，你家裏就這樣堆滿美白皮膚產品、減肥霜、碗麵、止咳糖漿……沒辦法，誰叫你就是對廣告言聽計從，絲毫沒有抵抗力。

有人說，廣告實現人的白日夢。怎麼說呢？廣告內容總是描繪一群人快樂出遊，或是到哪兒都備受寵愛的女主角，或是整潔美滿又安康的家庭……然後在使用、吃下、抹下某某產品之後，不是所有的問題都迎刃而解，就是加倍幸福美滿，青春又美麗。

這不是白日夢是什麼？

廣告中的主角，常開口就說「你是不是跟我一樣…」，最後再說「你也試試看」。而坐在電視機前諸位的「你」，彷彿是被廣告點到名，接下來就容易被催眠得相信「有爲者亦若是」，進而掏腰包，買下廣告提供的諸多保證。

而廣告最神奇的地方，還是賦予原本沒有任何特性的產品形象與意義。例如，某品牌的口香糖不就跟其他口香糖一樣是種能吹泡泡、不能吞肚的糖嗎？但被廣告塑造成勇於有話要說、反社會面具、想像逃避婚姻的墳墓等意涵。而我們在認同這些附加意義之際，口裏也就不自覺吹著口香糖泡泡了。

對廣告毫無抵抗力嗎？恐怕是對廣告編織的白日夢嚮往不已吧！

45 小丸子的共鳴

近來你常跟女兒一起租《櫻桃小丸子》卡通影片來看。不但女兒看得樂不可支，跟著主題曲一起手舞足蹈，連你也返老還童，不時捧腹大笑。你不禁回想起小學時光，那還眞是段無憂無慮的歲月，充滿了野趣，不像現在的小朋友只跟電視、電腦打交道。你希望女兒就跟小丸子一樣，有顆容易快樂、滿足的心。

《櫻桃小丸子》之所以老少咸宜，得歸功「女主角」小丸子眞的是再平凡不過了。她既不是品學兼優的模範生，也不是什麼美女才女。相反的，她常忘了寫功課，早上爬不起來上學，西瓜皮下兩顆不甚明顯的眼睛，稱得上長相安全，但她的確是全劇的靈魂人物。

小丸子的平庸反倒能引起廣泛的共鳴，我們絕大多數人不就是這種平凡人中的「平凡人」嗎？我們看到不需要成績傲人、外表迷人、才藝特殊，也能是自成一格的主角。而且劇中沒有什麼特殊遭遇、不食人間煙火的情節，盡是你我日常生活的點點滴滴，但在平凡中更顯趣味。

劇中還常讓角色發窘出糗，毫不留情面地刻畫出人性的弱點，旁白還不時「落井下石」，順勢嘲弄反諷，增加「笑」果。我們在跟著發笑時，也就放鬆了心理防衛，不必再「假仙」，隨從整個社會一起忙著壓抑或否認這些「必要之惡」。

在時下小朋友趕場上補習班、才藝班之際，看看「小丸子」一片，能讓我們暫停脚步，反省一下自己的價值觀。因爲「小丸子」這號人物提醒我們，人不需要非成爲什麼才能有價値，而且生活本身就有價值，無需外求。

46 新新小魔女

不知道從什麼時候開始，「小魔女」大行其道。像是電影「小魔女」熱賣；有「小魔女」之稱的范曉萱老少咸宜，紅遍半邊天；「英文小魔女」也是一時的暢銷書。你爲跟上流行，還自稱「新新小魔女」，希望自己也能跟「小魔女」一樣行大運。

流行文化就是這麼回事，只要某個商品名稱暢銷，就會掀起一窩蜂熱潮。這也是爲什麼「小魔女」一詞，已成時下「包賣」的商品標籤。

仔細推敲「小魔女」一詞，還眞大有文章。從性別歧視觀點來看，以往只要跟男性一樣能上知天文、下知地理的女性，就被視爲具有某種「魔力」的「女巫」。反觀男性有此等「邪術」者，則被奉之爲「法力無邊」。而所謂「法力」是有其正當性，「魔力」則是來自不明的陰邪力量。
除了性別歧視的意涵外，「小魔女」還有「後生可畏」之意。從流行文化塑造出來的「小魔女」可見，個個都是年紀輕輕就有一套本事的後起之秀。由此可見，成名走紅已愈趨年輕化，整個社會汰舊換新速度加快，競爭威脅感劇增，這或許也是某種來歷不明的「魔力」吧。
不管「小魔女」一詞再怎麼含意豐富，一旦名詞等同商品，也就失去原有的意義。現在的「小魔女」，恐怕指的不過是具有招徠消費大衆的「魔力」罷了。

47 星座話題

「你是什麼星座？」這下你又頭大了。是誰規定的，只要聚會就非扯這個話題不可。你小心翼翼地答「射手座」，這時你就好像被衆人看穿似的，無所遁形。就是再不熟識的人也像握到你的把柄，還要跟你一一核對。這時你只想一如往常辯解：「我不是那麼喜新厭舊啊……」

在疏離冷漠的都會，人與人見面時，無不謹愼防衛。但只要一打開星座的話匣子，就能讓彼此的面具慢慢消融，進而放鬆下來相識、互糗。

只是有人將這種上好的潤滑劑，變成個人全知全能的工具，自己高高在上檢驗別人，而不是分享交朋友的樂趣。還有人把星座特質刻板化，認定自己就是跟某個星座不對盤或是對某星座有偏見，進而心生排斥。

星座話題可以是橋樑，也可以是圍牆。何妨跟別人交換這時髦的打招呼方式，但可別當眞跟人辯得面紅耳赤，枉費以星座會友的美意。也別信之入迷，滿口的「星座決定論」，不然就看不淸人眞正的個別性。

六　當新好男人碰上新女性

當新好男人碰上新女性後，是不是就從此過著快樂幸福的日子？

話說我們信步誇入男尊女卑的黑森林去歷險，在砍了那個男女不平等始作俑者的族長，解放了禁錮已久的性別後，一個個活脫脫的好男女，就步向圓滿的童話結局？

還是這又落入「快樂的迷思」？

不管怎樣，現在我們還在黑森林裏歷險。林裏有愈來愈多的公主放下菜籃提公事包，還有那下了馬的王子，正手忙脚亂把屎把尿當奶爸。

還有一點不同的是，性別界限不再有如陰陽界。沒變的是，誓師砍巫師的口號仍響徹雲霄……我們可能不需要「快樂幸福」的保證，只要保證我們有更多有趣的冒險。

48 新時代英雄

這陣子，你從第四台連續看了《城市鄉巴佬》、《虎克船長》、《意外的人生》等電影，片中的男主角都從不擇手段追求事業成功中覺醒，最後不約而同回歸家庭，返璞歸眞。這讓你聯想到時下鼓吹的「新好男人」典型。但你還是憤憤不平，若有所失，好像現在男人在工作上既要與女人同榮，在家事上又得與女人「共苦」，還眞是英雄變狗熊啊！

每個時代都有其形塑出來的「英雄」！

以好萊塢電影爲例，從單槍匹馬立下讓所有人起立鼓掌的西部牛仔、智勇雙全的〇〇七、單打獨鬥制惡的「終極警探」，到近幾年興起的「另類英雄」，像是《三個奶爸一個娃》裏的男主角、面臨中年危機的《城市鄉巴佬》，以及爲救子女而得戰勝貪婪跋扈的虎克船長等。

我們看到自一九七〇年代婦女運動開始，女性努力掙脫附庸角色，再加上女性加入職場，打破「男主外，女主內」的分工，使得舊有的性別結構已跟不上時代潮流，性別角色勢必歷經覺醒—破壞—瓦解—再重建的過程。

在這個過程中，女性從覺醒中找到自我的價值，男性也從自覺中找回以往失落的家庭、親情、關係等感情的面向。

想當英雄嗎？向新好男人看齊吧，這已是時下公認的時代「英雄」了！

49 不當第二性

你和幾個高中好友在夏日的午後，相聚喝下午茶，大家自在而慵懶地無所不聊。這時，同學跟一名斯文的男士打招呼，他並加入了你們查某人「開講」的行列。接著你發現好友們有的撩頭髮，有的托臂凝神傾聽，先前不見的女兒態都出來了，連你也不自覺說起話來字正腔圓、多了捲舌音。

當女人說悄悄話時，這時聚會的場合沒有性別之分。但一有男性加入，相對就有了性別角色的位置。

從希臘神話三女神爭金蘋果（最美麗的女神）的故事來看，女人爭奇鬥豔的天性由來已久，而且最後金蘋果誰屬，還是由男性來判斷。這也是文化長久以來賦予男性的「注視」有莫大的權力，而女性也就由來淪爲「第二性」。

但局限於刻板的性別角色，不免綁手綁腳，落入社會文化限定的腳本。當察覺自己演出純女性的角色時，不妨試試時下流行的跨越性別演出，如此就不會一味只想成爲男性注視的客體，揮灑的空間應可更大些。

50 麻雀變鳳凰

從小你就最喜歡童話故事裏的「灰姑娘」，排行老么的你常希望有朝一日跟「灰姑娘」一樣，脱胎換骨，一鳴驚人。長大後，在你心底深處，就懷著這種專家說的「等待救世主」的心態。誰叫你已厭煩了「麻雀」的生活，眞希望生活中有貴人出現，讓你蛻變爲「鳳凰」。你相信只要飛上枝頭，就能自此過著快樂幸福的日子了。

有誰看過鳳凰了？鳳凰不過是傳說中的瑞鳥，是人人心中都有的夢想。傳說鳳凰是會一再地死而復生，更象徵鳳凰不過是人生在世，生生死死、眞眞假假的夢想而已。

也難怪兒童做著「灰姑娘」夢，成人雖知道這樣的機會微乎其微，但也會幻想著「麻雀變鳳凰」，靠著這樣的想像麻痺一下自己，暫時將現實上的壓力拋諸腦後。

「麻雀變鳳凰」意味著人生從天而降的轉捩點，雖說此機會可遇不可求，但機會是給做好準備的人，只會閉門造車幻想的人，碰上這樣大好的機會還眞是難上加難。

當選第一屆中國小姐的張淑娟小姐，曾發表過一篇〈摘下后冠，找回自己〉的文章，她娓娓道來，別人都認爲她可說是「飛上枝頭當鳳凰」了，可是她覺得上了枝頭後，她還是原來的小丫頭，整篇文章也可看出她的平實和自得其樂。

畢竟，鳳凰又不存在，只是人心靈的投射，麻雀才是活生生跳躍的生命。又何苦去當傳說，而不做自己呢？

51 女人四十

近來你老覺得力不從心。生下老二才四個多月，三歲多的老大不適應自己的中心地位受到動搖，也退化到要包尿片、含奶嘴。睡眠不足的你，白天還要強打精神趕打卡，而且最近公司業績滑落，辦公室氣氛草木皆兵，連打個呵欠也感到老板眼裏發出兩道陰光。更不巧的是，婆婆在浴室跌一跤，你在家庭、工作間奔忙之餘，還得抽空煮補品送到醫院，你覺得簡直是分身乏術。

人到中年，正是集所有重擔於一身之時。這時父母上了年紀，小孩還嗷嗷待哺，如何撐持起一個家，在在考驗中年人的體力與智慧。

電影《女人四十》中，我們就看到即使能幹如蕭芳芳所飾演的角色，也必須在照顧患有老人痴呆症的公公與頗有發展的事業間取捨。正因爲很難面面俱到，對事情輕重緩急的判斷就很重要。

這時最忌落入「E型女性」的陷阱，也就是鞠躬盡瘁扮演討好每個人，事事求完美的「十項全能」女性。雖然時下已少有人遵行貞節牌坊、三從四德等「婦德」，但不少人卻是想跟上「E型女性」這種「新婦德」，一樣是受制於社會所形塑出的完美女性形象，失去自我。

當分身乏術時，就不該事事一肩挑，應善加利用並整合身旁的支持系統，先放手，再慢慢放心，才是分身有術之道。

52 女人的戰爭

又到了選美熱季，看著電視上身著泳裝，拼機智、現才藝的佳麗們，你還是感到女人好像生來就是要被品頭論足，而且還要從中分出勝負優劣，這分明是鼓勵女人比較競爭嘛！你也不喜歡女人間的競寵爭鋒，但從小就不自覺跟姊姊爭衣服、後來又跟同學朋友無所不比、現在還要擔心先生會不會被「第三者」搶走，眞是一輩子都有女假想敵。

張藝謀在電影《大紅燈籠高高掛》裏，用一座封閉的四合院來展現女人爲爭奪男人的或明或暗戰爭。電影最後，喪失心神的鞏俐就在這樣一個封閉的空間，繞來繞去，找不到出路。

這正是父權社會的縮影。男人握有權力，弱勢的女人只得以依附男人來提升自己的地位。這使得女人間無可避免互相敵視，鎮日勾心鬥角以爭寵。可是，在鬥爭中占優勢的女人，翻身後還是未能改變身爲依附者的結構性安排，只是形成「弱者恆弱」的惡性循環。

這也是爲什麼女性主義者要倡導「姊妹情誼」，鼓勵女性以合作代替競爭，以站在同一陣線來爭取平權，而不再是古早時代四合院裏的分化競爭，希望爲「姊妹們」找到可能的出路。

但積習由來已久，這樣的出路並未獲普遍認同與身體力行。經驗告訴我們，即使能幹的女人也要懂得在男人面前「裝傻」，而女人現實生活上受到很多的壓迫與排斥，仍是來自其他女人。

當女人與女人間的戰爭平息下來，才眞能從心靈中封閉的四合院解放出來吧！

53 最佳女主角

有好一陣子了，媒體大打「最佳女主角，換你做做看」的廣告詞。廣告中的女主角，不論走到哪裏都是衆星拱月、焦點所在，讓你看了心嚮往之。你還打從心底希望自己走到哪裏都是「最佳女主角」。但回到現實，你也知道音樂課上有人歌聲好比黃鶯出谷，游泳課裏有人如水中蛟龍，更有那沈魚落雁的校花，又有誰眞能走到哪吃香到哪？

所以說啦，市井間就把這句廣告詞改成：「最佳女主角，換人做做看」，表示最佳女主角就是那種常得「下台一鞠躬」，隨時有人後補就位的角色。

媒體塑造出的「最佳女主角」，讓人不禁懷念起小時候，當時年紀小，以爲自己就是全世界的中心，當然的女主角。

隨著成長，我們看到其他一個個的「世界中心」，了解到自己不可能是「東方不敗」。但對於那些像小飛俠般一直在外面追逐自己影子的人，就容易偏執地以爲有永遠的主角，當自己不成焦點時，就跟小飛俠一樣，以爲影子脫離他，爲捕捉外在影像而疲於奔命。

這就是「最佳女主角」迷思。

媒體塑造出人人稱羨的焦點形象，強調身材窈窕或皮膚白細，或青春活力，但這些外在形象就跟影子般虛幻不實。眞正的后冠如果不是發自於內的，就不可能牢牢戴在自己頭上。信不信，你就是你自己的「最佳女主角」！

54 愛情當令箭

你又從電視連續劇上看到所謂的轟轟烈烈愛情。劇中總有名偉大的情聖，爲著女主角受盡大自然的凌虐(常在門外被風吹雨淋)、或迭遭人爲阻撓(家長反對、競爭者衆、他人強行介入)。這名情聖常動輒吃醋善妒，但在其口口聲聲「一切都是爲了愛」的解釋下，反而顯得「異常」可貴。你邊看邊罵男主角窮極無聊、女主角白痴一個，兩人還眞是莫名奇妙愛得死去活來。

言情小說的一大特色就是強調「愛情至上」此一終極價值。在這樣的愛情世界裏，只要是「發乎情」，幾可「殺無赦」。在愛情的大前提下，所有的一切都顯得微不足道。

爲了突顯愛情「本尊」的偉大，劇情也就極盡可能的曲折離奇，其中最常看到的就是誤會頻頻，讓男女主角不斷接受「情有獨鍾」的試煉，然後將這種獨占慾解釋成至愛的表現。

很可惜，我們的電視連續劇還是停留在製造、維繫這樣的愛情神話，而不是打破「獨占就是愛」的迷思。

沒錯，愛情有獨占的成分，而且占有慾令愛情充滿張力。占有的一方也常以愛情爲盾牌，愈發把對方視爲自己的延伸，而不是另一個個體，到頭來只會將對方與自己打成一個死結，難怪會愛得死去活來，難分難解，因爲一加一眞的不等於一！

愛情的獨占慾其實是一種自戀情結，愛的是對方身上有自己的身影，之所以充滿張力，也是因一再地屈服對方聽任自己，而從征服中獲得一己的滿足。

下次再看到愛得死去活來的情節，可別跟著陶醉，這樣的愛只是把愛情當令箭，實則要對方甘拜下風，這還有什麼羅曼蒂克可言？

55 影子情人

自從你認識現在才氣縱橫的先生後，你就完全折服。你放棄原先的生活、嗜好，跟著他參加社團活動、幫他整理研究報告、陪他看棒球、聽歌劇……後來，你更放棄學位，跟著他出國，專心打點他的一切。誰知道，等他拿到學位回國後，你還是跟著他四處跑，但被他譏之為跟監，他的死黨也排斥你。最近他提出分居的要求，求你放他自由，你眞不知道自己到底做錯了什麼？

當戀愛中的兩人，有一方漸漸失去自我，以對方爲主時，至此，情愛關係已失衡。這時當對方驀然轉身一看，不知何時身旁的人已成自己的影子，也只有驚駭與失落可堪形容。

如影隨形的愛情關係，比鎖鍊還束縛人，一方將自己化成對方的影子，好跟情人永遠相守在一起。原本這種犧牲自己，看似至愛的表現，是想取悅感動對方，豈知適得其反，成爲對方沈重的負擔。

影子情人通常沒有安全感、對自己沒有信心，在遇到「另一半」後，就放棄自己的這一半，自甘消融於對方的生命，專心爲「他」人而活。

被依附的「另一半」，並不會被這樣無我的感情打動。長此以往，反倒覺得被感情禁錮，而想逃離對方，追求自己的空間。但逃離只會讓影子情人更加牢牢追隨，使雙方關係緊繃到極點。

有人說，愛情像是兩個有交集的圓，要恩恩愛愛並非完全重疊在一起，而是要創造多一點的交集。成爲情人的影子，就好像從交集中「缺席」，關係無法平衡，愛情反成不堪的負荷。

56 天長地久

你度過一個很「牛郎織女」的情人節！這是你和男友共度的第五個情人節，從早幾年又是鮮花、燭光晚餐、定情禮物的，到去年濃情轉淡，只相約看了場電影。沒想到今年的情人節，你的他得在公司加班，只打電話遙祝你「情人節快樂！」掛下電話，你覺得你們在一起的時間愈來愈像牛郎織女會，而且人家是千古來感情如一，你們卻是冷熱不一，你愈來愈不看好這段感情了！

羅大佑曾以嘶啞的嗓音唱道：「愛情這東西我明瞭，但永遠是什麼？」此外，前幾年，一隻手錶廣告打出誓言：「不在乎天長地久，只在乎曾經擁有」，兩者都引起廣泛共鳴。

曾幾何時，「海枯石爛」、「地老天荒」等愛情的陳腔濫調已變調，情愛的善變與難以持恆，反成新調。

其實，豈止是愛情如此？任何關係不也是分分合合、有高潮有低落？我們所要看清楚的是，情感、關係都是一段一段的，並非如山盟海誓所言般恆常不變。

畢竟，「天長地久」不是一成不變。感情好比一條涓涓細流，有時流經岩塊而成急流，或行經沙石成緩緩沙河，也可能一路平靜無波突經峭壁而成瀑布，如果一成不變，不就成一灘死水？

回想看看，感情萌芽時的激盪、表白時的生澀、熱戀的黏膩、繼之而來的爭執衝突與不斷的調適，都像是「滴水穿石」般的功夫，漸漸將情感凝鍊得甘醇恬淡。

沒有永遠不變的愛情，愛情若要天長地久，一定得死生好幾回。

57 是愛人還是朋友

近來，你反覆哼唱「給我你的愛，不要叫我猜」這兩句歌詞。多少也反應了你最近碰到的困擾。半年前，朋友介紹你認識一位風度翩翩的男子，你們一見如故，相識見面當天就很談得來。後來他三不五時邀你吃飯、看電影，常打電話找你聊天。但三個月後，他像是失蹤般音訊全無。上星期，他突然出現，又表示急著想見你，對這個失而復得的「朋友」，你只感到茫茫然。

時下都會男女的戀情常有種撲朔迷離的「淒美」，這種淒美不是羅密歐與茱莉葉那種家族世仇所造成的，也不是言情小說中充斥的有情人難成眷屬的磨難。

時下愛情的淒美，來自人人對表達情感的保留與怯步，彼此間總是似有若無，模模糊糊，因而成了新牛郎織女恨。

可能是現代人的感情觀跟以往大不相同，像「不是眞心又何妨」的論調就大受歡迎；也可能是都會人本能的防衛心態，以及多元複雜的互動，平添感情變數。再加上現代人動輒掛在嘴邊的恐婚症、不婚症等，已少有人願對感情孤注一擲，勇往直前。影響所及，都市中的男女常對感情有種「我倆究竟是不是一對戀人」的困惑。

當不清楚「是愛人還是朋友」時，不妨把對方當成聊天的對象，不必猜個不停，自陷疑雲中。眞正的感情既明確又實在，只要是虛虛實實的感情，就難見眞情。

七　純屬己見

A：「想法和看法有什麼不同？」

B：「想法是經大腦深思熟慮過的，看法是看來的浮面印象。」

A：「所以想法不是經過眼睛看來的，而是用腦袋瓜去『想』來的？」

B：「對，就這麼回事。」

A：「可是，『想』是心中的相，難道這種相是不需要透過眼睛就看得到的？」

B：「這就是我們說的『心眼』嘛！心眼看到的和眼睛看到的，就是不一樣。」

A：「什麼想法、看法，我看全都是你的說法！」

58 大家踢皮球

你又從報上看到政府官員在那裏互踢皮球，撇清責任。你眞是憤慨不已，心想：「這才是國家最大的『垃圾』！」就在這時，你看到保母對哭鬧的兒子說：「不要哭，都是地板的錯，害你摔跤。」保母做狀打地板，孩子的情緒也就平復下來。你看了搖搖頭，我們的社會文化還眞是能踢皮球啊！

爭功諉過，本是不足爲奇的社會現象。

我們都讀過美國國父華盛頓小時候砍櫻桃樹，勇於向父親認錯的故事。我們常以爲這是小事一樁。但從俯拾即是的踢皮球事例來看，顯然，勇於承擔眞的需要很大的道德勇氣。

諉過之後，接下來就是找代罪羔羊，這時上至政治中常見的由下級受過，下至生活中各式各樣的「找藉口」，例如考試考不好，就怪桌面不平，這都是無法好好「善後」，轉而找的怪罪對象。

把問題拋出去容易，就像是駝鳥「眼不見爲淨」。但如果每次都這樣處理問題，就無法磨練解決問題的能力，也就更沒有承擔的勇氣，何足以堪大任？

我們從報上常看到某些官員看重自己的政治生命，勝過老百姓的身家性命，但是非公道自在人心，沒有肩膀的政治官員雖能「躲」過一時，但沒有「接球」的後果可是「不是不報，只是時候未到」。

59 承平社會的烈士

連日來，一打開報紙，都是怵目驚心的重大社會事件，看得你惶惶不安，不知道我們所俯仰的世界是不是變了色，才如此天災人禍不斷。這類新聞讓你對社會環境的惡質化、生命的無常，以及失去至親的哀痛，感觸很深。你不想日日活在恐懼中，不敢夜行、搭計程車、或擔心著親人的安危，但又有誰能保證，明天一定一切如常？

發生重大社會案件時，媒體往往有超大篇幅，密集精細的報導。而我們在看完早報、午間新聞、晚報、夜間新聞，以及這之間的街談巷議，彷彿整個環境都籠罩在超大社會事件中，很容易讓人頓時覺得危機四伏。

實際上，翻開報紙社會新聞版，這類社會案件一直都存在，只是未到引起普遍關注的地步。我們的「有關單位」也向來在「死人了」才會檢討反應，因而還不知道有多少承平社會下的「烈士」，得拋頭顱、灑熱血，才能換得社會環境多一些的安全保障。

看到意外事件頻傳，我們不免感到恐懼不安，這些事件突顯我們所處的環境隱藏不定時炸彈，生命有危在旦夕之虞，親人也有突遭變故時。這種無常超乎個人所能掌控，多數人只能隱隱然恐懼，或者漠視，正可看出個人無奈、無助之一斑。

但在變故中，我們不只看到悲慘、傷痛，我們也看到力量與推己及人的關懷。如柯媽媽在兒子車禍喪生後，化小愛爲大愛，推動強制汽車責任險法案。癌症病童周大觀的父母將大觀詩集的版稅成立基金會，幫助重症兒童。可見，雖然我們無法掌控不可知的明日，但永不退縮的行動就是我們活著的希望與力量。

60 期待活神仙

你又從報上看到宗教詐欺斂財的案例，而且隨便一個出來作證的人都能被詐騙上千萬元，你眞是想不通怎麼有這麼多無知的人？但想想每年你花在安太歲、求平安符、還有到廟裏隨喜的香油錢，也相當可觀。你開始有些了解這些人了，跟他們一樣，誰不希望花些錢，就可以輕而易舉求什麼有什麼。

不知道是人的心靈太空虛、還是人生太貧乏困厄、或者應了社會學家所說的「世紀末亂象」，不但我們的社會有對特異照片深信不疑的人，連國外也頻頻出現聖母流淚、印度神歧喝牛奶等神蹟。

我們好像已等不及宗教向來給予的死後得永生，還是來世有善報的保證。演變至此，宗教已不是「信就得救」的信心問題，也不是探求生命究竟的存在哲學，而是得眼見爲憑、能醫病活命、要能立即兌現的「活神仙」。

就是因爲有那麼多人期待宗教展現神蹟，「活神仙」才能在我們的社會大行其道。這些信衆以「靈不靈、神不神」來決定「信不信」，他們要的不是宗教撫慰心靈的「高調」，而是看得到、摸得到、乃至保障得到的「法寶」。

對神蹟的渴求，也反映出我們社會的功利世俗。在這樣物慾橫流的社會，很多人只是把神佛當阿拉丁的神燈，企圖在神聖中找神通罷了！

61 我要想清楚

近來你老說「我要想清楚」。兒子進入青春期，個性變得很彆扭，對你說的話都充耳不聞。老公中年自行創業，忙得不可開交，而且精神緊繃，常要你「少嚕囌」。你每天想著要如何與丈夫、兒子溝通，常常夜裏輾轉難眠，還是百思不得其解。你覺得再想不出解決之道的話，你一定會抓狂。

所謂「百思不得其解」就是當人愈想把問題「想清楚」時，往往是把問題「想」得更大、更複雜了，反而困在其中。

碰到問題時，雖說不要逃避問題，要面對問題，但「問題是」，很多問題不是馬上可解決的，常需要一段時間讓問題的全貌浮現出來。可以想見，這段時間並不好過，要能忍受問題懸宕帶來的焦躁，但如果硬是迎上問題，恐怕再多的努力也枉然。

這就像是在一杯清水中，灑進泥沙，混濁的水令人不舒服，但如果急於挑出一顆顆的細沙，不也事倍功半？還不如等過段時間，泥沙沈澱了，清水也就自然浮現出來。

有時解決問題也是如此。當未能掌握問題時，不妨轉移注意力到別的事物上，以度過問題的模糊不清期。待過段時間，再回過頭來看，或許對兒子成長必經的過度期較能釋然，而老公事業漸上軌道，就不會動輒發脾氣，問題不就像泥沙般沈澱了下來？

62 頭家有話要說

讀書時，每當老師問：「各位同學，有沒有問題？」你總是盡可能把頭低下，深怕被點到名；參加自強活動時，每逢心得報告時間，你更是頭皮發麻，恨不得自己是隱形人；工作後，例行開會輪到你報告，你心臟總跳個不停，僅能速速說出：「沒什麼特別要報告的。」

我們大多數人都是「沈默的大衆」。我們不是沒有問題，也不是心得乏善可陳，只是我們從小就不善於當衆表達自己。

可能是我們謙抑的民族性，也可能從小，大人就告誡我們「囝仔有耳無嘴」，或是日後從生活中學得「言多必失」的自保心態。總之，我們很懂得當衆惜言。既然人人莫測高深，當然就更謹守「沈默是金」。

但這幾年掀起的「叩應熱潮」，讓大家彷彿一夕間都成了滔滔辯士。其實是社會多元開放，我們懂得了沈默不能改變現狀，發抒自己才能眞正做「頭家」。何不從現在開始，訓練自己開口表達，也爲我們的下一代塑造勇於「有話要說」的自尊自信。

63 誰在乎？

不知道從什麼時候開始，你滿口的「我才不在乎」、「管他的」之類的話。像是公司業績不理想，同事警告你小心被炒魷魚，你劈口就說：「我才不在乎哩」；婆婆打電話勸你死豬肉、死雞肉、狂牛肉猖獗，要你買菜小心，你只答以：「管他的」；在看到報上婚姻專家指，大都會地區每四對夫婦就有一對離婚，要人提防婚變，你只嗤之以鼻：「誰在乎啊！」

都會人多多少少都有那麼點「不在乎」的特質。這種疏離冷漠不只是「自掃門前雪」的自保心態而已，還包括跟自己的疏離。

可能是都會充滿了諸多無法掌握的變數，像是你怎麼知道你住了十多年的屋子不是輻射屋？市場賣的肉是不是病死豬？又保母的鄰居有沒有住著戀童癖？久而久之，都會人在不知不覺中懂得刻意跟人事都保持距離，用「不在乎」的心理武裝自己，好去模糊不確定性，同時也掩蓋自己原有的警覺性。

反諷的是，我們的社會就出現一種在乎「不在乎」的氛圍，好像在比「誰不在乎，誰就贏」。也難怪年輕的一輩比「酷」，中古一點的得練就「見怪不怪，奇怪自敗」的不見怪心理。

當然，都會人若想長命百歲又心智健全的話，有些「不在乎」才不致神經過敏。只是，不在乎多少是種「鴕鳥心態」，如果大家都「管他的」，那病死豬、輻射屋、戀童癖不就永遠埋在黑箱中？

在乎或不在乎，還眞是現代社會的一大問題！

64 講道理

你忘了結婚八周年紀念日，雖然事後你連連對太太保證，一定補送她禮物，沒想到她還是生悶氣，你也沒好氣說：「你不要不講理啊。」三歲的兒子一到玩具店就撒野，你耐心開導他，但他依然故我，你不禁對他吼：「你講不講理啊。」有回你要影印一整本書，小姐印了一部分，然後暫停下來，幫後來要印單張身分證的人先印，你破口罵道：「凡事有先來後到，你要明事理啊。」

所謂「公說公有理，婆說婆有理」，這句話點出各人有各人的理，問題不在誰說的有理，而是講的究竟是什麼理？

我們說「講」道理，爲什麼道理是要用「講」的呢？可見道理並不是什麼放諸四海皆準的標準，或是有白紙黑字載明的法條規章，而是如俗語所說的「公理自在人心」，是社會上大致有的規範共識。

道理可因文化習俗、國情地緣等而異，而且還常跟著「改朝換代」，因時因地制宜。就因爲「道理」常「改道」，所以在提到道理時，總是要言明講的是個什麼道理，別人才能跟著意會。

只是道理不一定行得通，常常是自己言之成「理」，別人可能不以爲然或根本不買帳。處處要求講道理的人，可能在無形中常假「道理」之名，卻要求別人遵守自己訂的「準則」而不自知。

有理不一定能行遍天下。在「講道理」之際，不妨也聽聽別人的道理安在。何況人的世界除了理之外，還有其他更「活生生」的東西，連道理也是千百變，又何必拘泥於一種道理？

65 爭第一

你從報上看到，英國要興建歐洲最高大樓，樓高三百八十五公尺，雖號稱歐洲第一，但比起馬來西亞吉隆坡的世界第一高樓，還是小巫見大巫。而原本的世界第一高樓芝加哥的喜爾仕大樓，在「矮」過馬來西亞後，也不服輸地表示，其樓層更多且加上天線，還是穩坐第一寶座。這種爭地標的心態，看得你直搖頭，也難怪人與人之間要爭各種的第一！

就像「爭」世界第一高樓，最後往往只爭到個歷史名詞，足證「爭得了一時，爭不了千秋」！

雖說沒有競爭就沒有進步，但這是資本主義、消費社會的價值觀，爲了日新月異、推陳出新，鼓勵競爭這種「贏家換人做做看」的不穩定遊戲規則。

說到爭，我們常用的是爭表現、爭第一，沒人說爭謙虛、爭行善，可見「爭」是在有比較的情況下，爲了自己或褊狹的私欲私利。

例如行善一旦有了積公德或榮耀個人的心理，也就是說，行善時心中有「我」，也就成僞善或沽名釣譽之舉。

因此，只要是爭，就只爭得了自己，爭得一時的虛名。正因爲爭是爲己，就跟人一樣生命有限，總有終點。即使是爭得全世界，也不過寥寥數十寒暑。

「江山代有才人出」，世界第一高樓絕對是代有「高樓」出，總有從傲視全球到相形見絀的一天。

66 逃避自由

你喜歡把頭髮梳成整齊的馬尾，又常在夏天穿短褲、涼鞋，你早習於別人異樣的眼光。每當有人問起你獨樹一格的打扮，你總是答以「不自由，毋寧死」。你還跟絕大多數的馬尾族一樣，不時在pub喝喝小酒、聽爵士樂、看藝術電影，近來並忙著上網際網路交網友。你生活得多彩多姿，但有時候就是有種說不上來的鬱卒不耐，不知道爲什麼，你就是覺得自己還不自由。

我們常賦予自由很崇高的價值，而且也嚮往自由的境界。

但究竟自由是什麼？是隨心所欲？毫無負擔牽絆？還是只想逞一己之私者的護身符？抑或反對派畫出來的理想大餅？

自由常被誤用，而且相當具有爭議性，例如「只要我喜歡，有什麼不可以」

主張，就見仁見智。只是，「有什麼不可以」後，就眞的實現自由了？還是與自由天差地遠？

有沒有想過，自由可以是「生命中無法承受之輕」？德國精神分析家佛洛姆在《逃避自由》一書中指出，現代人害怕自由後得獨自承受全然的孤獨與懷疑，過著意義和方向不知其所的生活，因此寧可逃避自由，表現得和別人一樣，或是去符合別人的期待，藉著別人不斷的讚同來肯定自己。

佛洛姆指出，「積極性的自由在於完整人格的自發性活動」。自不自由不在行爲舉止上的彈性，而是能做眞正的自己，不是變成某種人、某個類型的樣子。能自己肯定自己的人，其實就很自由了。

67 格格不入

從小，你就一直懷疑自己是爸媽撿來的。你覺得自己的長相、性格、乃至血型都跟家人大有出入，這讓你在很小的時候，就在心理上「離家出走」，從朋友那兒求取歸屬感。但這種「不同類」的感覺，一直伴隨著你的成長過程，使你求學時總是獨來獨往，出社會後又成爲不屑公司企業文化的游離分子。就這樣，不論你身處何處，你總感到飄泊不定、沒有歸屬感。

我們總不免有跟周遭格格不入的經驗，例如喝喜酒時，面對整桌不同年齡層的陌生人；不善跳舞卻置身在音樂聲震天價響的畢業舞會中；身爲單身貴族卻身處盡是媽媽經的同學會上。

這些情境不但是令人尷尬、手足無措而已，還讓人有種找不到位置的不自在感覺。所幸這些只是情境式的格格不入，如果處處都感到「非我族類」的話，就可能有疏離性格，跟人相處總是忽遠忽近，很難掌握跟人之間的關係。

這種性格特質可能是不適應環境，所發展出來的自我保護膜，藉著保持一定的距離來避免可能的傷害；但也有人是抗拒環境表現出來的排拒行為。

這類社會上的「隱士」，習於形單影隻，人生中缺少了惺惺相惜、相知相契的人性關係，而且情感上自我封閉，很難豐富自己的生命。

不知道自己在什麼時候變成「絕緣體」的人，不妨試試電影《外星人》中ET的方式，先伸出一根手指與他人碰觸，慢慢的就願與他人握手，不要輕忽打開自己心胸所必須踏出的一小步。

68 好逸惡勞

從小，你就是家裏的掌上明珠，幾乎是要什麼有什麼，你也一直以爲這世界就是這麼一回事。隨著入學，你成績老是墊底，你不明白，爲什麼就是考不好。好不容易專科混畢業了，到親戚家做事，更是混日子混得兇。後來家人爲你物色有錢的老公，你想結婚後就可辭職過著少奶奶的生活。你萬萬沒想到，現在你每天忙著侍候公婆、兒女，過著「苦不堪言」的日子。

聽說現在的新新人類有著不勞而獲、好逸惡勞的傾向。

雖說，好逸惡勞是人的天性，人本來就傾向於過輕鬆安逸的生活，厭惡辛勤勞動。而其實，好逸惡勞可說是家庭環境所潛移默化的習性。

例如現在中國大陸上的一胎化，造就出一個個的「小皇帝」。我們這邊的「小霸王」則是拜升學壓力之賜，父母只求孩子把書讀好，孩子也就「四體不勤，五穀不分」，久而久之，養成了好逸惡勞的習性。

好逸惡勞一旦成積習，不免喜歡游手好閒。而且，由於長久來缺乏磨鍊，日後環境不再有此等閒散的特權後，反而倍感艱辛。

這也難怪，很多企業家在子女還小的時候，就把他們送出國，就怕子女留在台灣會「爛」掉。畢竟，太過富裕的生活，容易腐蝕一個人的心志，讓人頹廢不振。

「要怎麼收穫，先那麼栽」。好逸惡勞的人恐怕因爲沒「栽」什麼，人生也就難有收穫。

69 你標準嗎？

近來上美容院洗頭時，你翻到一本雜誌的夾頁，有個關於魅力的趣味測驗。你興致勃勃做測驗，做完後發現你的魅力分數未達標準，難怪你哥兒們滿天下，情郎沒幾人！更悲哀的是，從另一個身高體重與三圍比例的對照表，你發現你的三圍根本沒能「入圍」。你開始懷疑自己不但是不「標準」的女人，還可能是不「正常」的女人。洗個頭，竟讓你莫名其妙沮喪起來！

說來嚴肅，標不標準、正不正常其實是「權力」的問題。

我們凡夫俗子常只急於知道，自己是否合於標準或算是正常，但鮮少質問是誰定的標準？誰來界定正不正常？問這個問題，就能看出，規格尺度與容忍的範圍，還眞是有隻看不見的黑手在操縱。

在西方，就有異議人士被界定成精神病患，順理成章關進療養院「監禁」；對與男人一樣能通曉天文地理的女人，就冠以「女巫」的罪名，以便名正言順將她燒死。可見「正常」之說，常用來當成鎮壓、畫界的工具，好把某些人畫歸在界外。

至於標準之「害」，像是死板板的教科書及其標準答案，使得人思考僵化；髮禁、三圍、美醜等漠視人的個別差異、窄化價值判斷。這些都是打著「標準」的名號，實則設下一個框框，讓人自然就會往框裏跳，還唯恐落在框外。

我們會對「標準」、「正常」之說那麼盲從，實出於害怕跟別人不一樣。但社會愈開放，標準或正常的界線就愈不那麼狹窄專斷，也就更能包容異己，呈現多元發展。

更何況「標準」常改弦易轍。君不見，昔日的楊貴妃，到今日不就要忙著跑瘦身中心，只能慨嘆集三千「肥肉」於一身了！

70 望穿秋水

已是晚間十點多了，你歸心似箭。但在公車站牌下，你已僵直了半小時。你不停地踱過來晃過去，心中還直忿恨十分鐘前過站不停的公車司機。那些一到站牌就直接上車的幸運客，讓你更不是滋味。只見你眼巴巴直盯著遠方，終於你知道了什麼叫「望穿秋水」……

等公車的心情幾乎可超越性別、年齡、IQ…，而達到有「等」一同的地步。其實，不管是等公車、還是等人，都是同樣讓人焦躁不安的經驗。

如果把「等」這個字拆成三部分來看，可解讀成竹子覆蓋住空間（土）與時間（寸）。這麼解釋雖不免牽強附會，但想想看，當我們在「等」的當下，其實我們並不希望置身在「等」的時空中，難怪會感到特別難捱。

這時，如果不把所有的注意力都放在等公車上，而能看看路上的人、車、招牌，不去細數等了多久的時間，想想明天的行程計畫，那麼也不至於空白度過這段時間，落入「等」的限制中。

71 算流年

又到年底，每年此時你總有好多的新年新希望。你除了有自己的計畫外，還相信人算不如天算，所以你照例買了本星座大預測，並翻翻農民曆肖豬人的運勢。只是，讓你哭笑不得的是，你看到互相矛盾的說法。西方占星術說你來年財星高照，應大膽投資，但農民曆要你防破財，防小人，你覺得若要相信算命，還眞的會無所適從呢！

所謂「命運」，就表示宇宙自然界自有一套律法，人雖貴爲萬物之靈，也還是不免受制於這套律法。

有人對命運之說十分入迷，堅信「一切都是命，半點不由人」。一般人則是平時好端端的，不會去想到命不命的，但在徬徨無依時，就會把算命拿來的紅紙黑字，當成重要參考資料。至於理性發達的人，多認爲算命就是迷信，江湖術士之言不可取。

相信命運決定一切的人，去算命不就只是在聆聽「判決」，那又何必多此一算？算命要有意義，乃是我們發現生存是超越個人意志，人總是要跟不可知的際遇奮鬥，但我們奮鬥是爲了從中握有更多掌控未來的籌碼，過著我們心目中理想的生活。

所以，算命積極的一面是知命立命，了解我們人生的方向，同時知所進退，能超越現狀，不被一時的順逆成敗牽著鼻子走。所謂「命運掌握在自己手上」，這並不是說我們能操控不可知的未來。我們一則要了解自然律有其不可逆的一面，但身爲生命主體，我們要能對不可知的際遇握有詮釋權。

例如我們無法掌控投資會發財或破財，但我們能在發財時善用財富，在破財時學得經驗，並檢討自己的理財目標與財富對自己的意義是什麼。如此一來，有沒有發財運道就沒那麼絕對了，因爲不管命運發什麼牌，你都有不同的「獲利」。

72 解讀象貌

不知道從什麼時候開始，報上常用「解讀」這個字眼來表達「客觀」看法。尤其是一些政治人物的言論舉動，更是招致多種版本的「解讀」，而且往往引發各種「消毒」的聲音。所以，常常是「解讀」愈多，眞相也就愈莫衷一是。讓人啼笑皆非的是，一天讀國小四年級的兒子對你說：「別再叫我寶寶了。」你問老伴這是什麼意思？他搔搔後腦說：「這可解讀成他長大了。」

所謂「解讀」，說白一點就是：「依個人淺見，這意思是說……。」因此，解讀其實是有很強烈的個人觀點在內，是由個人的智識經驗做出的延伸說明。

從「解讀」之說蔚然成風來看，可證實我們的社會多元開放，允許不同的聲音從各種管道發出。

從另一方面來看，還可「解讀成」人的眼界確實有限。我們看這個大千世界就像是「盲人摸象」，也難怪摸象尾巴的人說像繩子，摸象體的人說像牆壁，而究竟大象何所似？不就是大象自己嗎？

可惜，我們凡人很難像禪宗所說的看到「本來面目」，那是一種像鏡子般「映花為花，映月為月」，完全不帶個人主觀看萬事萬物的境界，而我們早已習於從長久來形成的思想框框看外界。

所謂眞理愈辯愈明，可見人很難一窺眞理的全貌。或許我們只有靠一再的「解讀」，逼近眞實。在這個過程，任何的堅持己見，只是離眞實的「象」貌更遠罷了！

八　另類過節

我們說節慶，節慶，過節就是要開開心心慶祝。

可是，愈來愈多人選擇在情人節分手、在平安夜狂歡。生日去避壽、元旦睡個昏天暗地……

這是不是跟節日有「過節」？還是自有特別的「結」？

不管是哪種「過節」，還是哪種ㄐㄧㄝˊ？總算節日跟平日就是不一樣。

還好，年復一年，總有些日子能固定讓人百味雜陳。

73 消費生日快樂

近來你忙得天昏地暗，常忘了今夕何夕。没想到，突然收到一張精緻的卡片，攤開一看，原來是某化妝品公司寄來的制式生日卡，令你又好氣又好笑。你氣老公竟也忘了這一年中的重要節慶；好笑的是，没想到消費時隨手塡的資料，竟換來一張叮嚀你生日並提醒你消費的賀卡。看著這張没有一個親筆字的卡片，你還頗爲感觸：曾幾何時，記得你生日的竟是非親非故的陌生人！

說來反諷，收到生日卡片原是很窩心開懷的事。可是在我們這個消費社會，生日卡也不能倖免於被「物化」，成爲廠商鼓勵消費的一個技巧。

畢竟，生日提供一個消費的「名目」，廠商當然不願錯過這樣一個打廣告的時機。藉著寄出生日卡片，也寄達「歡迎再度光臨」的消費訊息。

但收到這樣一張寫著「特別的日子給特別的你」的卡片時，相信大多數人都不會感到「特別」。這種純印刷的卡片，就是少了份「人」味。

這就是物化的結果，往往使得人心靈痲痺。這是因爲物化會淘空意義，例如生日一旦被物化，就不再是個人出生、母難日等含意，而是在這一天可購買物品以資慶祝紀念之意。

所以，「生日快樂」其實是……樂在消費。

74 爸爸的面具

父親節到了，但這個節日最令你尷尬不過。從小，你就不知道怎麼跟父親相處。父親總是早出晚歸，回家看報批公文。晚餐桌上，他就像是民族偉人雕像，令人舉箸難安。你曾抱怨父親的冷漠，反抗他的權威，自動在心裏疏遠他。每逢父親節你總是藉故出門，逃掉面對父親的不自在，但回家後你又有很深的罪惡感，你就是不知道如何在父親面前坦然自在。

朱自清的《背影》是描寫父愛很感動人心的文章。其實，傳統父親最常讓人難望其「項背」，因爲我們多半不知道，該如何與這樣看似遙不可及的父親正面相處。

從父親的角度來看，父權社會塑造出的「樣板」父親，僅僅是權威的象徵與全家生計的負擔者。這樣的父親在家要有威儀，才能管教住子女。相信諸多傳統的父親從看報的餘光，一定很羡慕妻子與子女溫馨相處的「國度」。其實他是不知如何親近子女，只好躲在報後扮嚴父！

所幸，現在社會出現了「奶爸」這樣的角色，「允許」爲人父者參與養兒育女的過程，時下父親才能放下身段，從中摸索出與子女相處之道。

爲人子女的，不妨在父親節直接向父親表達心中的愛，即使是溫馨的小舉動，都能融化嚴父的面具。

75 向月娘許願

看著一天圓似一天的明月，聞著月餅、柚香，你期待今年中秋連續假期的到來，好與家人歡聚一堂。但看到報上近來頻頻播放協尋失蹤兒童的廣告，你才驚覺佳節的另一面，感受到即使月圓，也還有人生活在無法團圓的缺憾中。或許，中秋節眞是一個讓人悲喜交集的日子，就跟明月本身有著陰晴圓缺一樣，眞是「此事古難全」！

蘇東坡在〈水調歌頭〉中，從「月有陰晴圓缺」看盡人事的「悲歡離合」，最後詩人以「但願人長久，千里共嬋娟」做結。眞是好個「但願」！

希臘神話有段描寫天帝宙斯要懲罰全人類的故事。他設計美女潘朵拉打開了藏有各種天災人禍因子的盒子，所幸潘朵拉及時蓋住盒子，把唯一的好東西「希望」永留盒中。所以，人可能經歷各種災難，但支持人好好活下去的力量，就是活在「希望」中。

這正是人何其有幸又不幸，有限又無限的地方！雖然人事蒼涼多變，但人的心靈智慧卻能超越人的限制缺憾，而能「與日同長，與月爭輝」。即使蘇東坡感嘆「何事偏向別時圓」，但詞末的「但願」一詞，已然從人的缺憾中超脫出來，有種豁達悲憫的情懷。

何況，月有陰晴圓缺，是我們從地上所看到的變貌。月本身何曾稍有增減？有完滿就有缺憾，端視你看的是圓還是缺。

今年中秋節，對著月娘你許什麼願？有日、有月，就有「明」天，但願人對明天永遠有希望！

76 平安夜狂歡夜

昨天你與一伙識與不識的人狂歡到夜裏兩點多。早上起來，頭還微微漲痛，誰叫你每年都要通宵達旦慶祝聖誕夜。雖然你捨不得花上千元吃一頓聖誕大餐，但還是樂得當冤大頭，去比平常貴一倍的狄斯可舞廳跳舞盡興。而其實你並不喜歡玩通宵，可是聖誕夜如果沒有玩樂的活動，那就遜斃了，你可不希望在這個熱鬧的節日裏落單。

不知道從什麼時候開始，平安夜已成狂歡夜。這個西方人過年闔家團圓的日子，或是教徒「狂歡」慶祝救世主誕生的宗教節日，在我們這裏已完全走樣。

在廠商熱力宣傳帶動下，從十二月一開始，所有聖誕節相關樂曲已聽得人耳朵起繭，那一閃一逝的聖誕樹、街上紅紅綠綠的聖誕禮品、各種聖誕特價的疲勞轟炸廣告，在在把這個節日推向熱鬧滾滾、人氣鼎沸、通宵玩樂的活動上。

也難怪，大家在這一天都會安排「節目」。沒有節目的人，尤其是年輕人，就好像中秋節沒有回家團圓般，容易感到無趣或傷感。

這樣的耶誕氣氛其實是消費文化所支配塑造出來的，沒有原來節日的文化意義、精神內涵、象徵儀式，只見「有樣學樣」的消費商品頻頻向我們招手，要我們跟著他們的口號起舞罷了。

當然，一年將盡，有個狂歡慶祝的日子也不錯。只是，如果不愛湊熱鬧，也不必勉強。畢竟聖誕夜也是「平安夜」，在這樣獨處的夜裏，很適合寫年度日記，想想自己今年實現了哪些計畫，明年有什麼新希望。這就是你ＤＩＹ（自己動手做）出來的聖誕夜，不也酷斃了！

77 元旦誓師

「一元復始，萬象更新」。在這一年開頭的日子，你決定洗心革面，揮別自己的懶散、怠惰，一定勤勤奮奮過每一天。打開記事本，你記下早起背十個英文單字、今年內精通電腦、每天一定記下今天完成與未完成的事例……還要厲行減肥五公斤。等你計畫完後，彷彿已完成了大計，決定好好犒賞自己，來客蛋糕，吃幾塊牛肉乾，再小睡片刻，眞是好個元旦佳節！

黃曆上沒記載，字典上也沒這麼定義，但每到元旦，就好像是宣誓的好日子。有父母「逼問」孩童，要他們許下動聽的「新年新希望」；有在學青年，選在這一天懸樑刺骨，立志奮發；當然脫離校園良久，在社會上做事的成人，有時也會興起，決定不再年復一年「打混」，元旦就成了再出發的黃道吉日。

不過，多數人只要翻翻以往的日記本或行事曆，就可看出立志容易，但立志完後多的是虎頭蛇尾、半途而廢、草草收場的情形。

而且這種元旦誓師舉動，不但持之以恆者少，還讓很多在夏去秋來頓覺「昨非今是」的人，以「一年之計在於春」之由，延緩再出發的時機。如此一來，扣前扣後，已荒廢大半年了。

因此，立志不一定要等好日子，而且生活不一定要過得如宣誓般兢兢業業。太嚴苛的計畫，反而是實行計畫最大的阻撓。

試試看，在「萬象更新」之際，有一點計畫但又不要太計畫，過幾個月後再評估修訂，這樣才眞能更新生活。

78 迎新年

明天就是除夕了，你忙著貼春聯、辦年貨，為明天圍爐守歲做準備。每年過年你最期盼的就是除夕夜的大團圓，平常一家人散居北中南各地，就是回家也不一定全員到齊。只有在除夕夜，家裏的老老少少才會排除萬難，團聚一堂。大家圍著熱騰騰的火鍋，訴說著這一年來的酸甜苦辣。儘管時下年味淡了，但全家人能聚在一起過年，這就勝過一切。

陽曆新年才過沒多久，許下的「新年新希望」言猶在耳，農曆新年到時，好像已新鮮不再。但農曆新年並未被時代淘汰，畢竟兩種新年「兩樣情」。

在陽曆年，大家最期待的是「元旦」，沒什麼守歲、除夕團圓的儀式。在接近子夜時，隨著全球各地熱烈喊著倒數十秒聲中，大家屏息以待，滿懷期待地迎接新的一年到來。

而在農曆年，除夕圍爐可是重頭戲，接下來還有守歲的年俗，大家謹謹愼愼恭送這一年最後一夜的離去，因而重點在歡慶一年終了，正式告別過去一年的艱辛磨難，也難怪處處恭禧聲不絕於耳。

儘管時下年節習俗日漸式微，但除夕守歲儀式自有其意義，而且還提供我們與過往有個了斷的契機。

不管過去一年是悲是苦、或瞋或憂，當除夕子夜炮聲響起，讓我們送走過去這一年的紛紛擾擾，擁有一個嶄新的心境，好面對未來不可知的考驗。

79 恭禧自己

這幾天你聽到「恭禧恭禧」聲，聽到耳朵都快起繭。而你也是不假思索，逢人就說「恭禧」，你對著做生意的親友開口就說「恭禧發大財」、對長輩就說「恭禧身體健康、精神好」、對晚輩們則一律是「恭禧讀書讀得好」。就這樣，幾天下來，你口吐蓮花，盡說好聽的話。但是想想，這些話眞是「應景話」，你是說得「口不對心」呀！

每年春節街頭巷尾總是一片恭禧聲，而大家都在恭禧些什麼呢？

恭禧這個字眼，雖是道賀之意，但在春節則有祝福、期許的意思。因此，恭禧也就被刻板化，我們總是隨口說出恭禧祝福的話，而且對求財、求子、求姻緣、求健康，已有定見，彷彿人生的軌道就這麼明確，大家殊途同歸。

這些「吉祥話」刻畫出所謂的社會期許與社會壓力，隨著這些約定俗成的話語，社會上所認可的軌道就這樣鋪陳開來，也難怪很多「不上軌道」的人，最怕逢年過節，就怕直接感受到這樣的期許與壓力。

從恭禧的無心話，我們看到這社會含藏的傳統價值觀，賦予走這條「正」軌者爲有福、有成就的人，因而走不同路的人，在春節恭禧聲的「人氣」下，總是備感艱辛寂寞。

每個祝福的背後自是伴隨著期許，那麼對想走自己的路或在嘗試走不同的路的人，就只有自己「恭禧」自己，多多爲自己祝福。

九　我們都是成長的複製人

我們都是這樣長大的，但好在我們都長得不一樣。不然我們不都成複製人了？

不過，我們可都是成長的複製人。

幸好，成長有好多好多不同的模子，又很懂得因材施「模」，不但把我們大家塑得一人一個樣，而且同一個人也常前後不一樣。

就這樣，我們一直任憑成長雕塑。

照照鏡子，看看自己的樣兒，你可滿意成長目前的「傑作」？

80 摸索成長

讀書時，每逢考前你總怕考試時腦筋一片空白，考不及格；戀愛後，你又怕中途分手，無法結成正果；工作後，你擔心著公司會不會不景氣裁員，讓你飯碗不保；等有小孩後，你發現你前半生所擔憂的又要重來一遍。

患得患失，就像是人成長的註脚。成長是在摸索中前進，而摸索意指狀況不明，必須時時嘗試錯誤。這時心裏難免因前方路況不明，常常在找路與走錯路的不穩定中，有種忽虛忽實的感覺。

假以時日，等這段路摸熟了，我們往往在驀然回首時，才發現不知道從什麼時候開始，這種不踏實感消失了，取而代之的是平常心，也就是所謂的信心。

所以說，勸患得患失的人保持平常心是沒有用的，在摸索的狀況下，必然有得失心。

一旦發現自己又患得患失起來了，其實也意味著自己又在摸索走新路，不妨懷著這種戒慎恐懼，探索成長的奧妙。

81 走出象牙塔後

當你以第一志願考進大學後，你自信滿滿，認為天下沒有什麼難得倒你的事。你把大學生活經營得多采多姿，彷彿你手中那本字典跟拿破崙的一樣，沒有「失敗」這個字眼。不料畢業後，你應徵心目中第一志願的工作，結果被公司以沒經驗為由回絕。你萬萬沒料到，自己竟忝為失業人口的一員。你感到茫茫然，不知道要如何從以往的字典裏找到方向。

我們常給畢業生的祝福是：「一帆風順」、「鵬程萬里」，但在此失業率高的社會，「畢業即失業」還不時衝擊著很多滿懷希望的年輕人，有多少畢業生眞能如此順遂的？

從求學歷程來看，完成大專或研究所課業，可算是到達學生生涯的一個顚峰。

但初入社會，就好像是站在另一個登山口，才剛要開始舉步維艱地攀爬另一座山頭。畢業生正是在高點與起點間調適轉換，也難怪會感到徬徨。

尤其，在踏出學校的象牙塔後，很多人初嘗未曾有過的挫折失敗，這時愈能看清現實上這種落差的人，愈能及早收拾起心高氣傲的一面，再拿出學習的精神開始上路。

只要弄清自己的方位與目標，步步踏實，還是能再創人生另一個高峰！

82 菜鳥蛻皮

三個月前，你剛進入這家頗有聲望的民營企業工作。你敬業樂群，滔滔建言，希望一展抱負。可是，近來你才發現，同事間派系分明，你動輒得咎。而主管喜歡「建樹」勝於建言。甚至你提的改革計畫，在執行時才發現困難重重。漸漸地，你說話小心翼翼，也不敢常常提計畫，反而常想遞辭呈，說不定下個工作會更好……

所謂「初生之犢不畏虎」，用來描寫社會新鮮人剛踏入社會時的「蠻勁」，再適切不過了。

社會新鮮人總是滿懷希望與抱負，常只看到自己與遠大的目標，而昧於工作現實。其實，工作環境中所因襲的「遊戲規則」，影響力更甚於明載的條文規章。

而「菜鳥」往往得經由誤觸、誤闖，撞得滿頭包後，才摸索得出這套微妙的「堂規」。

畢竟，職場不比學校的「象牙塔」。工作環境更是赤裸裸的「人性總匯」大本營，充滿利害衝突、私欲角力、權力傾軋、人人都要自我實現的競爭。況且，偉大的改革與計畫，往往要在落實後才發現自己欠學之處。這些都是個人在攀爬事業階梯的過程中，所要一一經歷的考驗。端看你能否超越層層障礙，才得一展才長。

加油了，社會新鮮人！由菜鳥蛻變成「身經百戰」的老鳥，可得蛻掉好幾層皮呢！

83 讓孩子自己爬起來

兒子已過而立之年了，不但無法成家立業，還經常回家向你這個該含飴弄孫的老父伸手要錢。這次他又以投資失敗向你開口「借調」數百萬元，這幾乎是在要你的「棺材本」了。你徹夜難眠，想著如何籌措這筆錢，但這幾年下來，兒子原先「借調」的錢都還未償完，現在又捅出更大的紕漏，每一次你都訓斥兒子這是最後一次了，但天知道你是不是在塡一個無底洞？

天下父母心，總是在看到孩子跌倒時，就會本能的伸出手來扶孩子起來，久而久之孩子在跌倒時，就只知哇哇叫著等待援手到來。但漫漫人生路上，爲人父母者，難道能像「千手千眼」的菩薩，隨時拉孩子一把嗎？

所以，長不大的子女背後，總有雙到孩子成年還在推動搖籃的手。如果父母不在孩子跌倒時，從旁鼓勵孩子自己爬起來，孩子又怎能有機會體驗到，自己就有爬起來的力量與勇氣呢？

同樣的，當孩子投資失敗，回來向父母哭訴求援時，最簡單的處理方式是一邊訓斥威赫著子女，一邊幫忙籌錢補破洞。但這樣子女如何學習到投資是有風險的，投資失敗可是要負債好幾年，得不眠不休地賺錢償債？一旦父母扛起子女的債務，子女下次再聽說有一百萬賺一千萬的機會，能從教訓中了解，這不是自己賺得了的錢嗎？

我們能送給孩子最好的成年禮，讓他裝備完善地一個人上路，眞的不是錢與權，而是在成長的過程中，不斷教導孩子如何去面對與解決問題。這就得要父母在孩子跌倒時，按捺住自己的那雙援手，才能培養出勇於面對並解決問題的孩子。

84 內心的兒童

每次你要兒子收拾玩具，他總說「等一下」；問他是不是翻倒牛奶，他也要賴說「不是我」；而一到玩具店，他更是當場撒野直嚷「我就是要嘛」，每次你都把他罵得滿頭包。沒想到，有次兒子要你把散在沙發上的衣服收好，你說「等一下」，他很生氣問是不是你亂放的，你立刻否認「不是我」……兒子噘著嘴說：「還罵人家，你不是也跟小孩一樣要賴。」

法律規定，十八歲以上才算成人，而不成文的說法是結婚後才算長大成人。其實，人是很複雜多面的，只要向內省察自己的內心或細察自己的行爲舉止，我們常可發現，自己多少還殘留「童心未泯」的一面或幼稚行爲。

精神分析創始人佛洛依德說，人有三個我——「本我」、「自我」與「超我」。

「本我」很接近兒童時未加掩飾的原始衝動，「超我」很像父母或社會文化所加諸於我們的監控規範力量，「自我」則是負責調停這兩者所發展出來的理性又社會化的我。

我們內在有這三股不同的力量，互相消長衝突，不是每個人都能平衡得好這三個我。因此，我們常可看到「小大人」，如在單親家庭長大的小孩，在很小的年紀就被迫長大成熟；或是所謂的「大小孩」，就是長大了的成人，卻還殘留明顯的童稚心理或行爲。

所以說，年齡眞的「不是問題」，大人、兒童並不是那麼涇渭分明。從孩童身上，我們可以看到，自己心中其實也有一個長不大的小孩。這樣的覺察，是不是能讓我們對自己有番新的認識，同時更懂得如何善待兒童呢？

85 成長的苦澀

從小你就展現出繪畫方面的天賦。爸媽爲栽培你，以陪你拜師習畫爲職志。家裏的牆壁已框滿了你參加美術比賽的大小獎狀。後來你專攻油畫，從臨摹開始，慢慢也揣摩出自己的畫風，獨樹一格。可是，近來你連拿畫筆都感不順，完成的畫作你只想撕毀，你懷疑自己已江郎才盡，或者你根本不能畫，你不知道自己到底怎麼了？

成長是苦澀的。幼兒長牙時，總要嚎啕上好幾天。心靈上的成長來得比較晚，而且套句流行用語，是「內爆」的。不知怎麼的，心裏就爆出了個大疑團，你看不清原來不假思索的一切了。

看過十九世紀末印象派大師莫內畫作的人，總是對其由強烈的色彩與光影，層層疊疊出模糊朦朧的畫面，印象深刻。莫內出道時，畫壇以線條清晰的寫實派當道。但印象派一出，倡導沒有絕對景物的變革性觀念，一剎時，畫面上的景觀不再僵固不變。

這就像是原先在「標準」鏡頭下對焦，景物清晰有序，而突然把鏡頭拉大成廣角鏡時，視野變大，原先在「標準」焦距下看到的即成模糊的一片。

當心靈視角突破原有的局限時，世界看似變混沌了，實則是看得更廣了。這就是「見山不是山」階段，也是脫胎換骨所要經歷的陣痛期吧！

86 蛻變的滋味

近來你無意中聽到多位歌手合唱的「明天會更好」。這首「老」歌剛出來時，你還在唸書，當時你只忙著指認是哪些人在唱，對歌詞反倒沒什麼印象。沒想到多年後重聽，竟對其中「讓我擁有你眞心的面孔」一詞感動莫名。不知道是不是出社會後，對自己還是別人的「眞心面孔」感到陌生，才讓你對擁有這樣的面孔如此嚮往。讓你感觸良多的是，你知道這已成奢求！

我們常有這樣的經驗，在重讀一本書、重看一部電影時，彷彿心窗頓開，某個鏡頭、某句話就這樣躍入腦海，盤旋不去。這時不禁會有爲什麼當初沒注意到，以及爲什麼現在反倒看到的疑惑。

實則，這正是成長的經驗，而且體驗到成長同時伴隨著失落。

成長並非像階梯般拾級而上，突然開竅、頓悟等「暴長」的情形也很罕見。成長反而像四季，有著來來回回、死而復生似的歷程。所以，用蛻變形容成長最是貼切，總得脫掉舊殼才得煥然一新。

就像在學生時代，人際往來多眞誠率直，喜怒哀樂也盡書臉上。但出社會後，在人事的磨鍊下，自然比以往要來得世故。從成長面來看，這是稜角磨平，人圓熟而有彈性多了。但從失落的角度看，是失卻了那份天眞無僞的「年輕的權利」。畢竟，這時若率性反倒像是任性，嫉惡如仇成了不知變通，純眞是涉事未深。

也得心靈上畫過這樣的痕跡，才聽得懂「讓我擁有你眞心的面孔」是何況味。

成長是可以讓人有所憑弔的。不然，辛棄疾的「而今識盡愁滋味，卻道天涼好個秋」怎能引起共鳴呢？

87 心靈面貌

好幾年來，每天在郵局處理匯兌業務，讓你相當地倦勤。你對著辦事的民衆，早已練就「有看沒有到」的本領。但一個大雨的午後，一名女學生來領家中匯來的六千元，才辦妥，她又要求把兩千塊匯回家中。你不耐煩對著她說：「你是錢太多是不是？」沒想到你看到一雙措鍔的眼睛、滿臉的委曲。不知怎麼著，這張面孔是你近來看過上百張面孔中，唯一讓你有印象的，而且還在腦海中盤旋不去。

回想一下，生活中總有些難忘的面孔，讓人印象深刻的表情。這樣的面孔彷彿爲我們麻痺的心靈重上發條，灰沈沈的腦海中終於有了顏色，隱而未現的情感就這樣舞動了起來，喜怒哀樂頓時有了落腳處。

會出現這樣的面孔可能事出偶然，也可能有跡可循。有時是喚起我們殘存的記憶，或與呆板反覆的生活相對照，或反射出近來內心的窘境。不管怎樣，一成不變的生活就這樣「暫時停止呼吸」。

可想而知，這樣的面孔一定不同於我們每日所看到的「社會面具」，也絕非想當然爾的神情。反倒是無意間露出面具下活跳跳的心靈，才能讓我們的心靈有所感應，跟著活了過來。

當腦海中盤旋著一張難忘的面孔，不妨趁此機會認識一下自己的心靈面貌。這樣的面孔讓你是憂？是懼？還是悲？是喜？說不定這張面孔能讓你像照鏡子般，照見久不見的自己呢。

十 人生路上

「Do you know where’re you going to? Do you like the things that life is showing you and where’re you going to, do you know?」

當我高二唱著這首西洋歌時，我知道這首歌詞意深遠，也隱約知道這問的可是「大哉問」。

那時的我可是清楚得很，我的人生路僅此一條。而我也天真地以爲，窄門後就是康莊大道。

現在我坐三望四了，回首來時路，這才知人生在過了窄門後，盡是一段段曲折幽微的路。我常想起這首歌，也常問自己這個問題。但已不復肯定未來的路是何光景？

走在人生路上，你永遠不知道下一個轉彎在哪裏。

88 另類機運

想想，你就是不甘心。三年前，你好不容易靠著年資與十年如一日的敬業態度升上總經理，豈知半年前來了個老板的皇親國戚，硬是把你擠到「不管部」。半年來，你消極反抗，沒想到當年公司開疆拓土的大將，現在卻成遲到早退開小差的「老賊」！你搖搖頭，眞想唱一曲「歸去來兮」。

人生原本就起落有時。當機會來時，天地間一下遼闊了起來，當機運消逝，一夕間天地可能縮得只剩立足之地。

這也是爲什麼，古今中外多少懷才不遇者，往往落得鬱鬱以終的下場。但也有像羅貫中者流，從失落中看到人生沈潛的一面，而能「古今多少事，都付笑談中」。

沈潛時，有人終日買醉，自暴自棄，也有人轉而內求，發現另一片新大陸。這時就像是作繭自縛的春蠶，總要經歷一番內在奮鬥，才能破繭而出。屆時，儘管機運不再，或是轉戰另一個人生舞台，「是非成敗轉頭空」已能了然於胸。

那何不把沈潛看成是提升生命境界的「另類機運」，而不是失去戰場、人生曲線下滑的傷感際遇？

89 塞翁失馬

你眞是慶幸自己逃過一劫！你辛辛苦苦準備公司裏的專員考試，結果以零點二分之差，由另一位同事高中。爲此，你還懊惱了好一陣子。沒想到半年後，傳出那個單位集體貪瀆，所有相關人員還因此吃上官司被判刑。你聽到此事後，眞是心有餘悸，如果當初多了那一分不到的成績，家裏還有三個嗷嗷待哺的小孩，不就全家陷入絶境。

所謂：「塞翁失馬，焉知非福。」這正是人生微妙的地方。

人生自是有順逆起伏，只是人沒有洞見未來的「天眼」，也就只有「盲目地」受制於當下。當順境來時，我們跟著歡欣雀躍，豈料過段時日，這可能演變成我們最避之唯恐不及的事。或是有時逆境會出其不意，爲我們開展另一線生機。這就是人之所以爲「芻狗」之處吧！

正如易經所說：「禍兮福倚兮，福兮禍藏兮。」既然福禍因果相襲，我們能從中體會的，就是不要太執著於順逆禍福。不管是福是禍，我們都只能看到當下的情境，無法得見其變貌。因此，求福避禍不也枉然？

有這樣的體認，較能敞開心胸面對不確定的未來。或許禍福吉凶並非天註定，天堂、地獄也不在遙遠不可知的世界，就在此一念之間了。

90 卡不到位

你常做兩手一攤的動作。你跟高堂妻小擠在二十來坪的公寓，但房價這麼高，你又能怎樣。妻子生了兩個女兒，言明絶不再生，你是獨子，爸媽自然有意見，你夾在中間，又能如何。工作上，新上任的主管把你這個特別助理用成了個人家管，老是替他打點家務諸事。你爲保住飯碗，只能在他交代聯絡保母後，背過去兩手一攤……

當我們感到無奈時，常聳聳肩、攤開雙手，表示情況超越個人能力所及，已無法再盡任何人事了。

套政壇流行的「卡位」之說，「無奈」可說是卡不到位，而且是卡在環境情勢與個人意願之間，不由自主，進退維谷。

文學、電影常不乏描寫小人物的悲劇，都不是什麼國仇家恨、大悲大痛，而是造化弄人的「莫可奈何」。這正是無奈之所以爲持久戰、消耗戰，乃至活受罪的描寫。

面對無奈，實無異於面對自己的限制。這時最能考驗一個人自我調適的能力，小則要能自我解嘲，大則當成「天將降大任於斯人也」的歷練。能與無奈和平共處的人，命運也奈你莫何了。

91 好友結婚了

「各位來賓，新郎新娘暨雙方家長向大家敬酒。」看著從小一塊長大的好友，笑盈盈地跟著她的他一起舉杯，你眞是百感交集。你爲好友尋得幸福而高興，但你也屆適婚年齡，卻仍在尋尋覓覓。而好友走向紅毯的彼端，也就與你漸行漸遠，讓你不免有種失落感。

最親愛的朋友結婚了，雖然是喜訊，但原本一路還能同行的好友，隨著嫁做人婦，生活重心轉移，在「心理上」我們反而感到是離別的場面。如果再加上自己未婚，更會傷感自憐，甚至感到惶恐不安。

其實，換個心境，想想人生路上就是有好友相伴，雖然沒有異性情感滋潤，但一路走來情感上並不荒蕪、生活上還是很豐富。這時我們對好友就不只是祝福，更有感恩。

只要將憂喜參半的情緒調和成正向的情緒，自然會對看不見的未來升起希望。誰知道人生下一個轉彎處，會有什麼光景在等著自己，說不定又可和好友有說不完的媽媽經呢。

92 今天暫時停止

快到年底，工作量突然增多，每天加班處理公事，你突然感到厭煩與挫折。想想你在同一個單位已待了十多年，年年周而復始，處理的事情大同小異，你覺得這就像是困在一個時間停擺的地方，你看不出昨天跟今天有什麼不同，甚至明天也在預料之中。你不知道你的人生是否就此停滯不前，果真如此的話，多麼可悲啊！

有時人生某個階段，就好比唱片跳針般，一再反覆誦啞著相同的調子。雖然當時我們也不想如此周而復始，但就是不由自主，困在某個處境中。

電影《今天暫時停止》就是描繪這樣的情境。片中傲慢的電視播報員如同被詛咒般，每天醒來都是「土撥鼠節」，他試過各種方法，就是過不了這一天。最後等他認眞誠懇地活這相同的一天，而且熱愛周遭的人，才解除魔咒，開始有了眞正的明天。

同樣的，在《美女與野獸》童話故事中，野獸原是驕傲的王子，被女巫詛咒，要等他能愛人並被人愛後，才能恢復人形。這正是自我中心的孩童，要跨入成人期所要學習成長的功課。

不管是過著同一天的電視播報員，還是被詛咒的野獸，都是身處某種瓶頸，而這瓶頸必是自己人生中還匱乏的部分、還有待耐心學習之處。這時也只有潛心摸索，等待時機，才過得了這個成長關卡。

感嘆看不到不同的明天嗎？或許人生這個階段，已駕輕就熟到令人煩膩的地步，有沒有想過，這本身就是另一種學習磨鍊的開始？

93 打開心窗

昨晚你看了本坊間暢銷的心靈書籍，你邊看邊反省，頓悟昨非今是。你感到周遭每一個人都可愛，沒有什麼事是你不能包容的。沒想到一早起來，老公又睡遲了，忘了叫小孩起床上學，結果大人急、小孩哭。你邊罵老公邊吆喝小的動作要快。一陣忙亂後，你才發現昨晚眞是白反省了。才隔一夜，你眼裏依舊是連粒沙子都容不得。

我們絕大多數人，都是在日復一日的生活軌道中，渾然不覺地愛恨瞋痴。這個有限的時空環境，偶爾也會因一本發人深省的書、一場電影或是一趟旅行，剎時間起變化。

這時就像是在原有封閉的世界開了一扇窗，打開窗，你看到不同於以往的視野，你望向更高更遠的地方，胸襟自然也就開闊了。

待闔上書、電影散場、或遊罷歸來，原來的生活軌道又漫天蓋地而來。不久你會發現，自己仍糾纏於日常生活的繁瑣中。

或許生活的本質就是瑣碎反覆，互動的過程本是糾糾結結。我們雖無所遁形於這樣的天地，但卻能像看一本書一樣，時時跳脫出來。能看到自己的卑微瑣碎，就不會渾然不覺受其支配，也就向無限的可能又邁進了一步。

94 迂迴前進

要當六月新娘的你，與未婚夫找新房找了五個多月了，還是找不到理想住所。起先，你想住到生活便利、居民素質高的民生社區，但找來找去都是屋齡長達十多年的老房子；後來鎖定內湖、汐止新成屋區，看了一陣子，你又嫌交通不便利；繞來繞去，反倒是在自家對門找到了新房。你覺得眞是繞了一個大圈子，要是一開始就鎖定這條巷子，就不必耗力費神，該多好！

人生路上，我們總不乏繞遠路、走冤枉路的情形。有人光是考大學聯考這一關，就考了三年或五載；有人戀愛談了好幾回，才找到眞愛；有人事業上一直懷才不遇，直到退休前，才遇伯樂……足證人生路可不是條條康莊大道，也不是可以「按圖索驥」，直達目的地。

人生的路不但沒有詳實無訛的地圖可循，甚且常常得在前方路況不明的情況下，摸索前進。而既是摸索，就無可避免會繞遠路，在原地打轉，甚或誤入歧途。但摸索時繞的路都白費了嗎？回頭看看，多走的路都對後來走對路有所貢獻，不就是這樣一次又一次的修正方向，才能走出適合自己的路來？

何況正因爲是在摸索中迂迴前進，人生路上才充滿了「柳暗花明又一村」的驚喜，如果都是走直線，還有什麼趣味可言？

95 表演藝術

最近你常有個念頭，要組織一個「查理王子俱樂部」。當「世紀怨偶」查理王子與黛安娜王妃離婚時，你跟其他同情黛安娜的人不一樣，你的處境讓你看到查理王子的悲哀。查理王子等了數十載，仍未能成一國之君。結了婚後，妻子又搶盡他的丰采，你看到他一直活在兩個名女人的陰影下，難怪鬱卒得可以。就跟你一樣，你從來就沒離開過父母家，婚後能幹的妻子讓你像個應聲蟲。你覺得你就像查理王子一樣，註定一輩子當「男配角」！

誰不希望在人生舞台上發光發亮當主角，而不是必須繞著別的角色團團轉的配角。但主角、配角的相對位置，似乎是有其環境機遇的因素在內，生而爲主角或生就配角的人，畢竟是少數。

我們都知道，人要扮演好自己的角色，而且任何角色只要是扮演得宜，都是不可或缺的。以查理王子來說，他可榮膺全球第一男配角，但絕不是「最佳」男配角。如果他能在王子任內，展現王儲本色，讓頗得民心人緣的妻子扮演好親善大使，不就是「王者之風」的角色？又有何主從角色之別？

既然「人生如戲」，那麼就該「演什麼，像什麼」。主角、配角只是一時的表相，能掌握自己角色的分寸，才是眞正的「表演藝術」。

96 看透人生缺憾

小時候，你覺得你最大的缺憾就是眼睛太小。後來你又發現每個月零用錢到月中就見底了，遺憾自己生在公務員家庭，而不是什麼富豪的千金。成年後，你還遺憾，沒選上班代、初戀失戀、錯過出國留學。而今，你感到沒生兒子，買預售屋被建商騙，與先生一見面就吵架，沒嫁給新好男人，才是你人生中最大的缺憾。

人總是嚮往圓滿無缺的人生，在以前是要得福祿壽喜，現代則有所謂的「五子登科」——妻子、兒子、車子、房子與銀子。但是有四喜和登科後，現代人卻還是有所不足，總是有憾。

回想看看，這一生走來，我們有過的缺憾還眞是不少。每個階段有每個階段的遺憾與失落，但我們並沒有因而體認到人生並非一個圓，處處有缺角。

缺憾伴隨著我們的成長過程，讓我們看到環境與自己的限制。隨著年紀增長，有人學會漠視缺憾，繼續走自己該走的路；有人是努力克服缺憾，好使自己無憾；還有人苦苦跟缺憾拚個你死我活，可以想見被缺角磨得傷痕累累。

也還有人在缺憾中成長，從缺中才眞切感到自己猶有完滿之處，反而從缺憾滋生出感恩知足，深得缺憾箇中三昧。

雖說人必有憾，如果能不引以爲憾，也就無憾了。不過，我們總是在當下看不透，待走過來時路，才發現很多缺憾根本不值一顧，可是在當時卻深受其擾，這不也是一憾？

97 人生走馬燈

老伴搖搖你，說你近來老愛講「想當年……」，當然下一句就是調侃你：「好漢不提當年勇」。你苦笑著，也不知道是怎麼回事，你還沒退休，只是在一個工作單位待太久了，生活上就這麼周而復始，實在太久沒新鮮事了。閒來無事，你不禁懷念起，大學時在女生宿舍站崗的傻勁，當兵時被整的糗事，還有剛升單位主管時的意氣風發，難道這代表你老了？只能追憶往事？

不是只有老人才喜歡沈緬於往日美好時光，在人生各個不同階段，我們都曾不自覺思想起以往走過的歲月。

誰不是小時候一心「只要我長大」，但長大後又常懷念無憂無慮的童年；出社會做事後，常在想像中竄回學校的象牙塔，以換取片刻安慰；待到生活已規律無比的中老年期，記憶更是不時把前半生一再地倒帶重播。

但記憶不僅僅是能無限重覆的倒帶機而已。在回溯過往時，不但會經過剪輯重新組合，還會任意放大縮小、甚至自行刪減或反覆，並非如實再現往日時光。這也是爲什麼很多人耽溺於回憶，因爲回憶的剪輯妙效，能讓我們佇立於美好片刻良久，並透過其縮小塗改功能，淡化失意挫敗時刻。

既然是閒來無事，讓腦中往事如走馬燈般，一晃眼就能翻轉過十數年，不也奇妙？只是，回憶是向後看，人生卻是不能逆轉的向前走。偶而「回到過去」乃人之常情，但在向後看時，可別忘了人還是要向前走。

98 悲歡秋季

近來，你到南歐一遊，在一個著名的古城鎮，無意中看到了濃郁的秋色。整個城牆兩側的樹木都是金黃、紅、橘紅的葉子，燎出燦爛的深秋景象。踏著落葉，走在美景裏，你內心竟有絲感傷，這樣的景致讓你有種「夕陽無限好，只是近黃昏」的涼意。深秋過了，緊接著就是蕭瑟的寒冬，好像美麗的景物總是預兆著曲終閉幕的到來。人生是否也是如此呢？

秋天花葉飄零，常令詩人墨客感懷。但從另一面來看，秋季又是瓜熟蒂落的收成季節。零落與絢爛共此一季，傷感與歡慶交集，秋的兩面性，其實正如萬事萬物皆有陰陽面。

而且不只秋天透著悲歡，四季何嘗不是陰陽交迭、生死相續？在春天，生靈蠢動，但天候陰晴不定，隱藏殺機。在夏季，揮汗耕耘，辛苦卻注定看不到「結果」。而成熟自有其時，待堅硬趨軟、果實低垂時，就是秋收的季節了。接續秋收豐盈的，是一切歸零。但萬物在此時蘊育再生的力量，待春天的號角雷動，再隨順四季的更迭，由榮而枯，枯而榮。

誰說人生不就跟四季一樣生生不息？在每一次的絕望中，蘊藏著頑固的希望，但在美夢成眞之際，一切又化爲烏有。而人類歷史也跟大自然亙古不變的律則一樣，有其必然的循環。退化、破壞是革新的先兆，繁盛是邁向衰敗的坦途。

秋季蕭瑟乎？還是透著收成的豐盛？秋可能不是非此即彼，也非兩者的總合。不管浮起哪種思緒，秋季正以其不同的面貌，觸動我們閒置已久的心靈。

99 時間洪流

你看著時鐘一分一秒地流逝，感到很無奈。不知道從什麼時候開始，你過著懊悔過去、擔心未來，成天惶恐不安的生活。可能是自你失戀後，就覺得凡事無常，原本的快樂時光，卻成椎心之痛，人要是能像電影所描繪的「回到過去」或「飛進未來」該多好？這樣你就能防患未然，快快樂樂地活著，不會在當下盲目無知地開心，到頭來卻樂極生悲，悔不當初。

錢鍾書在他那本辛辣的《圍城》小說最後寫道：「這個時間落伍的計時機，無意中對人生包涵的諷刺和悵惘，深於一切語言，一切啼笑。」

想想看，時間是不是愛跟人惡作劇？幾個月前讓人最窩心的事，很可能到現在成了最令人痛心的事。而現在的痛苦，可能不消半年，又被拋諸腦後。

我們不就是這樣昧於時間，無法分辨時間的千百變貌，只是身在其中，任由擺布，而嗔喜不定。

可是當我們從中跳脫出來看，還眞如錢鍾書所言，就可看到那種「諷刺和悵惘」。但大部分時間，我們還是如蜉蝣般，捲在時間洪流中，被耍得團團轉，而不曾稍有覺悟。

這也是爲什麼佛經勸人「不要被境轉」，就是要人不要昧於一時之像。因爲凡事在時間中不斷有變異，如此使得執著終究成空，期待終會幻滅，喜怒哀樂總是不長久。

但我們一般人很難不受制於時間的「幻象」，我們能做的是不懊悔過去，不妄想未來，把握當下。讓人慶幸的是，不管窮人、富人，每個人一天都是二十四小時，端看個人如何善用時間了。

100 明明白我的心

近來你開始學瑜珈，很多動作還眞是折騰你那把老骨頭。但讓你感到最吃力的，還是每次最後五分鐘的靜坐。只有在這五分鐘裏，你才看到自己的心是如此起伏不定，從會錢、兒子的功課、老伴的身體、想到今天連續劇會有怎樣的發展。雖然你一再謹守「把意念緊鎖眉頭」的方法，但每默唸完，就看到又一個念頭在轉瞬間騰起，眞是轉念間「才下眉頭卻上心頭」。這五分鐘眞是讓你如坐針氈。

如果我們靜下來向內觀察自己的這顆心，會發覺我們的心其實相當散亂。原本想著一件事，但不知怎麼著，就岔開想到另一件風馬牛不相及的事，就這樣跳動不停，不是在那兒想過去，惱自己，就是在那兒憂未來，嚇自己。

而這顆看似起伏的心，都是以「我」爲出發點，來經驗外界、感受內在。因此，我們的心是相當以自我爲中心的，只看得到人我對立的部分狀況，也難怪老是在叨叨念念，起伏不定。

但我們也有過在混亂中，突然靈光一現的經驗，就在此一念之間，想通想開了很多事，感到內心無比輕鬆自在。這時往往是我們從狹隘的自我中心跳脫出來，也就不再封閉侷促。

就像「悟」與「忌」這兩個截然相反的字眼，居然從字面上來看，都是「我的心」。但悟是全然的明瞭，忌則有執著成忌的意思。

禪宗形容開悟爲「回家穩坐」，悟了也就是「我的心由我當家做主」。而只有在粉碎自我中心後，才能悟，悟了後才完全明瞭「我的心」。

反觀「忌」則是「自己的心」，是受制於外界無法了脫的心。這時自己爲心所縛，當然處處不順而成忌。

由忌轉悟往往在一念之間，而運用之妙，存乎一「心」！

國家圖書館出版品預行編目資料

心靈深呼吸 / 王映月著 -- 初版. -- 臺北
市：大塊文化，1997 [民 86]
面； 公分. -- (Smile系列；13)

ISBN 957-8468-28-8 (平裝)

1. 情緒

176.5 86010886

1 1 6 台北市羅斯福路六段142巷20弄2-3號

廣告回信
台灣北區郵政管理局登記證
北台字第10227號

大塊文化出版股份有限公司　收

請沿虛線撕下後對折裝訂寄回，謝謝！

地址：______市／縣______鄉／鎮／市／區________路／街______段______巷

______弄______號______樓

姓名：

大塊 LOCUS 文化

編號：SM013　書名：心靈深呼吸

87.10.1

大塊文化 LOCUS

讀者回函卡

謝謝您購買這本書，爲了加強對您的服務，請您詳細填寫本卡各欄，寄回大塊出版 (免附回郵) 即可不定期收到本公司最新的出版資訊，並享受我們提供的各種優待。

姓名：＿＿＿＿＿＿＿＿＿＿ **身分證字號**：＿＿＿＿＿＿＿＿＿＿

住址：＿＿＿＿＿＿＿＿＿＿＿＿＿＿＿＿＿＿＿＿

聯絡電話：(O)＿＿＿＿＿＿＿＿＿＿ (H)＿＿＿＿＿＿＿＿＿＿

出生日期：＿＿＿＿年＿＿＿月＿＿＿日

學歷：1.□高中及高中以下 2.□專科與大學 3.□研究所以上

職業：1.□學生 2.□資訊業 3.□工 4.□商 5.□服務業 6.□軍警公教 7.□自由業及專業 8.□其他＿＿＿＿

從何處得知本書：1.□逛書店 2.□報紙廣告 3.□雜誌廣告 4.□新聞報導 5.□親友介紹 6.□公車廣告 7.□廣播節目8.□書訊 9.□廣告信函 10.□其他＿＿＿＿＿＿

您購買過我們那些系列的書：

1.□Touch系列 2.□Mark系列 3.□Smile系列 4.□catch系列

閱讀嗜好：

1.□財經 2.□企管 3.□心理 4.□勵志 5.□社會人文 6.□自然科學 7.□傳記 8.□音樂藝術 9.□文學 10.□保健 11.□漫畫 12.□其他＿＿＿

對我們的建議：＿＿＿＿＿＿＿＿＿＿＿＿＿＿＿＿＿＿＿＿

＿＿＿＿＿＿＿＿＿＿＿＿＿＿＿＿＿＿＿＿＿＿＿＿

＿＿＿＿＿＿＿＿＿＿＿＿＿＿＿＿＿＿＿＿＿＿＿＿

LOCUS

LOCUS

LOCUS

LOCUS